데리다와

역   사

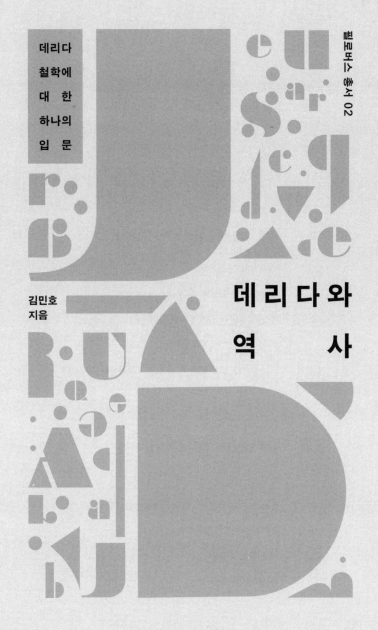

데리다
철학에
대 한
하나의
입 문

팔로뮤스 총서 02

김민호
지음

데 리 다 와
역 사

에디스코

일러두기

• 외국어 텍스트를 인용 시 국역본이 있는 경우 이를 참조하되 맥락적 필요에 따라 고쳐 인용하였으며 국역본이 없을 경우 저자가 직접 번역하였다.

• 본문 내의 굵은 글씨는 저자가 강조한 내용이다.

• 단행본은 『 』, 잡지 등 연속간행물은 《 》, 논문 등 짧은 텍스트는 「 」, 사진과 그림 등의 작품은 〈 〉으로 표기하였다.

프롤로그

『데리다와 역사: 데리다 철학에 대한 하나
의 입문』은 성균관대학교 사학과 산하 세계지성사연구단위Global
Intellectual History Unit에서 「데리다와 역사: "스스로 철두철미 역사적
임을 알고 있는 철학"으로서의 해체」라는 표제로 발표된 세 차례
의 강연을 기초로 작성되었다.

'데리다와 역사'라는 주제는 내 쪽에서 자발적으로 제안한 것이
아니라 강연을 주최한 측에서 정한 것이었다. 약간 데리다적으로
말하자면 이 주제는 예기치 않게도 타자의 편에서 내게로 온 셈인
데 다름 아니라 이 타자성이 본고의 성격을 근본적으로 규정한다.

철학 전공자가 아닌 청중을 겨냥한 강연이었기에 이 타자의 부탁 중 가장 주된 것은 '최대한 쉽게'였고, 나는 그에 부응하기 위해 나름으로 노력했다.

그런데 공교롭게도 데리다라는 사상가를 해명하는 데에, 그의 철학에 입문하는 데에 역사만큼 용이하고 적절한 범주가 없을 정도다. 1962년 《기하학의 기원》의 서설Introduction à L'origine de la géométrie(이하 『서설』)에서 관건은 "역사성의 새로운 유형 내지 새로운 깊이"[1]를 발견하는 것이라고 말했던 데리다는 1993년 『마르크스의 유령들Spectres de Marx』에서 해체déconstruction의 근본적인 문제는 "또 다른 역사성을 사고하는 것"[2]이었음을 재차 확인한다. 널리 알려져 있듯 데리다의 해체가 무엇보다도 '현전의 형이상학la métaphysique de la présence'의 해체라면, 즉 과거의 현재présent passé, 현행의 현재présent actuel, 미래의 현재présent futur, 이렇게 현재들 및 현재의 변양들로 이루어진 계열이 선형적으로 영원히 계속된다고 전제하는 시간성의 해체라면, 그것에 즉시 부과되는 사무事務는 다른 시간성을, "영원한 현재"에 종속되지 않은 "또 다른 역사성"을 구상하는 일이다.

'현전의 형이상학'이라는 육중한 이름으로 명명된 시간관은 사실

---

1 Jacques Derrida, "Introduction," Edmund Husserl, *L'origine de la géométrie*, tr. Jacques Derrida, Paris: PUF, 1962, p. 4.

2 Jacques Derrida, *Spectres de Marx*, Paris: Galilée, 1993, p. 125[자크 데리다, 『마르크스의 유령들』, 진태원 옮김, 그린비, 2014, 156쪽].

평범한 이야기로 번역될 수 있다. 그것은 일단 지금 당장 눈앞에 있는 무언가, 즉 목전에 현존하는 무언가에서 출발해서 시간이라는 관념을 이해하는 사고방식으로, 사실 시간에 대한 무척 일반적인 이해다. 우선 눈앞에 무언가가 있다가, 있었던 것이 된다. 즉 현재가 과거가 된다. 이렇게 이해된 과거는 '약화된' 현재 같은 무언가로서, 절대적이거나 독자적인 지위를 누리지 못한다. 그것은 일정하게 변양된 현재, 모습을 달리한 현재에 불과하다. 미래 역시 마찬가지다. 그것은 아직 다가오지 않았을지라도 곧 다가올 것이 예정된, '잠정적인' 형태의 현재에 불과하다. 이렇게 시시각각 현재적인 순간들이 지나갔고 지나고 다가온다. 그래서 과거-현재-미래는 차라리 과거의 현재, 현행의 현재, 미래의 현재로서 "영원한 현재"를 이루는 것이다.

그런데 이렇게 연속된 현재들은 삶의 차원을 납작하게 만든다. 앞선 현재가 뒤따라올 현재 일반을 귀결로서 거느리기 때문이다. 이런 현재들의 시간, 데리다 자신의 표현을 빌리자면 "존재-신학-시원-목적론"[3]의 시간 속에서 역사는, 즉 생生은 고유하고 독특한 펼쳐짐을 망실하고 앞선 현재들의 한낱 필연적 산물이 되어 버린다. 그러나 모든 것이 이미 정해진 생, 목적지가 정해진 생은 더 이상 살 가치가 없는 것처럼 보이지 않는가? 데리다라면 단순

---

3   *Ibid.*, p. 125[국역본, 156쪽].

히 이렇게 반문할 것이다. "우리가 가리라고 알고 있는 곳, 우리가 도착하게 되어 있다고 알고 있는 곳에 가서 좋을 게 무엇인가?"[4]

이렇게 본다면 역으로 해체의 사무는 생의 풍요로움을 복권하는 것이 된다. 이에 나는 본고의 모태가 된 세 차례의 강연에서 데리다의 사상을 경유함으로써 생의 고유한 차원을 확보하기 위해 노력했다. '최대한 쉽게'라는 요청에 응하여 작성된 이 책은 물론 데리다의 사유에 대한 입문이다. 그러나 그의 사유 전반에 대한 개괄이라는 의미에서 그런 것은 아니다. 그보다 여기서 나는 데리다가 우리에게 제공하는 역사에 대한, 즉 삶과 죽음에 대한 특정한 직관을 '두 죽음 사이의 생'이라는 정식으로 정리하고자 했다. 우리는 물질적으로 죽을 수 있는 만큼 이념적으로도 죽을 수 있기 때문에 한편에는 생이 있고 다른 한편에는 죽음이 있어서 양자가 단순하게 대립하는 것이 아니다. 데리다에 따르면 생은 물질적 죽음과 이념적 죽음 모두를 미루는différer, 즉 차연différance시키는 "죽음의 경제"로, 저 죽음들과 시시각각 얽히면서 마치 샌드위치 같은 꼴로 유지maintenir되는 것이다.

해체의 관건이 시종일관 역사성의 갱신이었던 한에서 나는 데리다를 생애 내내 추동한 동기 중 하나가 바로 이러한 직관이라고, 데리다의 철학에 입문하려는 이가 여전히 ― 혹은 영원히 ― 유효

---

4   Jacques Derrida, *Du droit à la philosophie*, Paris: Galilée, 1990, p. 442.

한 진리로서 배울 점이 있다면 바로 저 정식 속에 있다고 믿는다. 다른 무엇보다도 시간을, 역사를, 생을 다르게 사유해야 하며, 그렇게 하기 위해서는 삶과 죽음 사이의 관계를 전혀 다르게 사유해야 한다. 의미심장하게도 데리다가 죽기 직전 마지막으로 이루어진 대담은 추후 『마침내 사는 법을 배우기Apprendre à vivre enfin』라는 제목으로 출간된다.

생을 이처럼 죽음의 내부 경제로 읽어내는 것은 죽음을 절대화하는 것이 전혀 아니다. 부당하게도 "프랑스 하이데거French Heidegger"라고 불리곤 하는 데리다는 하이데거를 두고 코페르니쿠스적이거나 칸트적인 전회를 실행한다. 코페르니쿠스가 태양과 지구의 관계를 뒤집고(태양이 지구를 도는 게 아니라 지구가 태양을 돈다) 칸트가 법과 선善의 관계를 뒤집듯(좋은 것이 합법적인 게 아니라 합법칙적인 것이 좋은 것이다) 데리다는 죽음으로의 선구vorlaufen라는 하이데거적 구도를 뒤집는다. 죽음은 우리가 그것을 향해 미리 달려가 새삼스레 직시해야 할 무언가가 아니라 언제나 이미 우리에게 도착해 있는 것, 우리의 삶에 삼투되어 있는 것이다. "'나는 존재한다'는 본디부터 '나는 죽을 자로 존재한다'는 것을 뜻한다."[5]

이로써 데리다는 죽음으로부터 종종 절대적이라고 운위되는 그런 초월적 심급으로서의 지위를 박탈한다. 신, 무한, 영생, 세계처럼

---

5   Jacques Derrida, *La voix et le phénomène*, Paris: PUF, 1967, pp. 60-61[자크 데리다, 『목소리와 현상』, 김상록 옮김, 인간사랑, 2006, 84쪽].

진리를 자처하는 육중하고 오랜 이름들에서는 물론이고 '1+1=2' 같은 아무것도 아닌 진리들에서도, 심지어는 단순히 서명하고 기록하는 행위에서도 이미 어떤 식으로든 죽음의 냄새가 난다. 진리들, 서명들, 기록들은 생생한 현전의 너머에서, 삶의 너머에서 반복될 수 있어야 하기 때문이다. 그러니까 우리가 배워야 하는 것은 실존적 선구가 아니라 이 평범한 죽음들과 함께 살아가는 법이다. 죽음을 진부하게 만들어야banaliser 한다.

엄격한 학술의 잣대로 보면 본고의 발췌·해석·정식화에 자칫 과장적인 면이 있다고 느껴질 수도 있다. 그러나 통속화vulgarisation를 위해 철학적 명구들을 임의로 절취한 것은 결코 아니었다. 정반대로 나는 데리다 철학에 내재적인 긴밀함·집요함·고집스러움이 있다는 전제하에 청중과 독자가 이를 식별할 수 있도록 적절한 안표眼標들을 마련하고자 애썼다.

기본적으로 강연 특유의 현장감을 지워버리지 않기 위해 노력했다. 그러나 수월한 이해를 도모하기 위해 전폭적으로 가필하고 에필로그를 덧붙였다. 또한 질의응답에서 오간 논의의 경우 따로 자리를 마련하지 않고 강연 본문에 녹여 넣었다. 텍스트texte란 직조texere를 어원으로 하는 단어다. 다른 모든 텍스트와 마찬가지로 이 텍스트는 이미 타자들과 함께 직조한 공동의 산물인 셈이다.

언제나 학술적 모범을 보여주시는 김상환 선생님과 샤를 라몽 Charles Ramond 선생님께, 아들의 긴 공부를 묵묵히 지켜봐 주시는 부모님께, 가장 가까운 타자인 나경과 가장 탁월한 타자인 하영, 하랑에게, 그리고 강연의 자리를 마련해 준 김민철 형에게 감사를 표한다.

1강

해체, 자연학과
형이상학 사이에서

안녕하십니까. 「데리다와 역사: "스스로 철두
철미 역사적임을 알고 있는 철학"으로서의 해체」라는 제목으로 강
의하게 된 김민호라고 합니다. 오늘이 첫 번째 강연이고, 세 차례의
강연을 통해서 『그라마톨로지De la grammatologie』의 세 개의 구절
을 이해하는 것을 목표로 하고 있으며, 강연 전체의 목적은 "텍스
트-바깥은 없다"라는 난해한 구절을 다르게 이해하는 것입니다.
다만 많이 에두르는 형식으로 최대한 쉽게 이해하고자 합니다.

"스스로 철두철미 역사적임을 알고 있는 철학"이라는 표현은 데
리다 자신의 표현이고요. 이와 대조적인 오해, 데리다에 대한 흔한

오해가 있죠. 데리다는 포스트모더니스트 회의주의자라는 이미지가 있습니다. 데리다가 역사에 대한 자의적인 해석을 방조하고 마치 텍스트 바깥에 실제의 역사, 실제의 삶은 없다는 듯 굴었다는 오해죠. 이 오해를 논박하는 것은 저의 목표가 아닙니다. 그저 그런 오해의 바깥에서 데리다를 찬찬히 읽어보자는 취지이죠.

실은 이게 철학의 일반적 운동이기도 합니다. 오해에서 출발하여 오해를 해소하고 그 과정에서 진리에 도달하는 것, 철학적으로는 이를 전도perversion라고 부르는데, 이것을 한번 시도해 보려고 합니다.

첫 번째 강의의 목차는 다음과 같습니다.

데리다와 역사?

인사라는 문제: 우연과 필연

역사화: 우연과 필연의 사이

해체의 자리 혹은 역사의 자리

"기호의 자의성에 관한 학"으로서의 그라마톨로지

'데리다와 역사' 뒤에 물음표가 붙은 이유는 데리다와 역사라는 쌍이 얼핏 듣기에 조금 의아하게 들릴 수도 있기 때문입니다. 그다음에는 제가 인사에 대해서 이야기를 하겠습니다. 데리다가 후기로 갈수록 인사를 엄청 길게 하고 엄청 많이 합니다. 강연에 갈 때마다 인사를 엄청 많이 해요. 마치 본문은 발표를 하지도 않을 것처럼 인사만 끊임없이 하는데 왜 그랬을까, 그 연유를 생각해 보고 그럼으로써 역사라는 문제로 넘어갈 겁니다. 그런 뒤에 '해체'라는 이름으로 알려져 있는 데리다의 철학이 점유하고자 하는 곳이 역사가 점유하는 곳과 같은 자리라는 것을 말씀드릴 것입니다. 마지막으로 이 모든 귀결이 '그라마톨로지'라는 데리다의 기획으로 이어진다는 것을 결론으로 말씀드리면서 끝내겠습니다.

데리다와 역사?

이번 첫 번째 강의의 목표는 다음의 구절을 이해하는 것입니다.

> 역사성 자체는 에크리튀르의 가능성에, 에크리튀르 일반의 가능성에 결부되어 있다. […] 에크리튀르는 어떤 역사의, 역사학의 대상이기 이전에 역사의 장을, 역사적 생성의 장을 개방한다.[1]

---

1 Jacques Derrida, *De la grammatologie*, Paris: Éd. de Minuit, 1967, p. 43.

이 구절은 인용 표기된 대로 『그라마톨로지』에 나오는 구절입니다.

먼저 번역의 상황부터 말씀을 드리자면, 영어로 'writing'이라고 번역되는 '에크리튀르'는 우리말로는 기록이나 문자 등으로 번역될 수 있습니다. 데리다가 활용하는 의미의 장이 넓기 때문에 저는 따로 번역하지 않고 음차하는 길을 선택했습니다. 제가 에크리튀르라고 말씀드릴 때마다 기록, 문자, 글쓰기를 뜻할 수도 있음을, 또 반대로 기록, 문자, 글쓰기라고 말씀드릴 때마다 에크리튀르를 염두에 두고 있음을 기억해 주십시오.

그리고 '그라마톨로지grammatologie'란 '그라메gramme', 즉 서기소, 문자, 기록, 에크리튀르에 관한 학문이죠. 이것 역시 동일한 이유에서 저는 음차를 하고 있는데 김은주 선생님이나 주재형 선생님께서는 '문자학'이라고 새기시는 것으로 알고 있습니다. 데리다가 무슨 새로운 학제를 설립한 게 아니라 기존에 존재하던 학제인 문자학을 받아서 갱신하고 있다는 이유에서 그렇게 하시는 것이고 설득력이 있습니다. 그 외에 김상환 선생님께서는 소쉬르의 '일반언어학linguistique générale'을 비롯하여 바타이유의 '일반 경제économie générale'나 리오타르의 '일반 경기학agonistique générale' 등에 견주어 '일반 문자학'이라는 명칭의 가능성을 암시하고 계신 것 같습니다. 데리다의 그라마톨로지가 포괄하는 사정 범위를 고려한다면 '일반 문자학'[2]이라는 명칭도 적절하게 보입니다.

다시 인용한 구절로 돌아가면, 해당 구절은 간단히 말해 역사성이 기록 일반의 가능성에 결부되어 있음을 뜻합니다. 기록은 어떤 역사의 대상이거나 역사학의 대상이기 이전에 역사의 장, 역사적 생성의 장을 개방한다는 것이죠. 이 구절을 이해하는 것이, 무엇보다도 '쉽게' 이해하는 것이 저의 목표입니다.

본격적인 논의에 돌입하기에 앞서 이 에크리튀르라는 것이 도대체 왜 문제가 됐는지, 기록이 왜 쟁점인지 아주 일반론적인 수준에서 간단히 이야기하고 싶은데요. 왜냐하면 에크리튀르가 역사의 장을 개방한다는 것은 사실 너무 당연하잖아요? 개념적으로 기록이 선사와 역사를 가르는 기준이니까 말이죠.

그런데 철학을 쉽게 말해서 반성의 운동이라고 했을 때, 그러니까 철학의 기본적인 운동이 사유가 사유 자신에 대해 생각하는 운동이라고 했을 때, 에크리튀르가 첨예한 쟁점이 됩니다. 왜냐하면 데리다에게 **에크리튀르, 기록, 문자는 역사가 역사일 수 있기 위한 조건인 동시에 진리가 진리일 수 있기 위한 조건**이거든요.

적어도 데리다에 따르면 진리가 진리로서 성립하기 위해서는 기록, 문자, 에크리튀르가 요구됩니다. 이 자리에서 상론하기는 어렵지만 간단하게만 말씀드리자면 **무언가가 진리로서 제시될 수 있다는 것은 그것이 반복되고 전달되고 전승되게끔 기록될 수 있다**

2 *De la grammatologie*, p. 45, p. 64.

는 것과 다르지 않습니다. 자기 유폐적인 진리, 재현되지 않는 진리는 아예 아무런 진리가 아닙니다. 공시적·통시적으로 반복 가능한 진리, 전달 가능하고 전승 가능한 진리만이 명실상부한 진리죠. 그런데 데리다의 사유에서 반복 가능성, 전달 가능성, 전승 가능성은 특히 기록 가능성으로 표상됩니다. 이런 의미에서 에크리튀르는 역사의 가능 조건인 동시에 철학을 포함해서 제반 학문 일반의 가능 조건입니다.

그렇다면 '그라마톨로지'라는 기획, 즉 에크리튀르에 대한 학문이라는 기획은 거의 불가능한 기획처럼 보이게 됩니다. 이성복 시인의 시구 중에 "왼손이 왼손을 부러뜨릴 수 있을까"라는 구절이 있습니다. 그것과 비슷합니다. 에크리튀르가 학문의 조건이자 역사의 조건이라면, 문자의 역사에 대한 학문으로서든 문자의 문자로서의 본질이나 특성에 대한 학문으로서든 그라마톨로지가 가능할까요? 그러니까 어떤 학문이 자신의 가능 조건이 되는 수준까지 육박해 들어가서 그에 대해 서술하고 해명하는 게 가능할까요? 애초에 그것은 가능한 기획일까요?

이 가능성을 본격적으로 타진해 보기 이전에 이런 물음의 자리에서 출발한다는 것만으로도 그라마톨로지는 이미 첨예한 반성이라고 할 수 있겠죠.

앞서 말씀드린 대로 데리다는 역사학자와 대체로 사이가 안 좋습니다. "텍스트-바깥은 없다"라는 악명 높은 문장이 그 관계를 집약합니다.

그런데 정작 데리다는 『그라마톨로지』에서 해당 문장을 쓴 직후에 구구절절 해명합니다. 이것이 우리가 루소의 실제 삶을, 즉 실제의 역사를 간과하고 무시하자는 뜻은 아니라고 말이죠. 하지만 그런 건 다 잊혀지고 '텍스트-바깥이 없다니 무슨 그런 황당무계한 이야기가 다 있어?' 이렇게 논의가 진행되었죠. 데리다로서는 억울할 수밖에 없는 것이, 정작 **데리다는 처음부터 끝까지 역사가 무엇인지, 역사성이 무엇인지, 바꾸어 말하면 시간이나 시간성이 무엇인지, 혹은 생이 무엇이고 삶이 무엇인지 연구한 학자**이거든요. 적어도 저는 그렇게 생각하고 있고, 그래서 그 점을 보여드리려고 합니다.

이것을 단적으로 보여주는 저작이 후설의 『기하학의 기원』(이하 『기원』)에 대해 데리다가 쓴 『서설』입니다. 데리다는 후설의 『기원』을 번역하고 거기에 붙인 『서설』로 카바예스 상Prix Jean-Cavaillès을 수상했는데요. 『기원』이 기하학의 기원에 대한 논고, 따라서 기하학의 역사에 대한 논고라는 사실이 이미 의미심장합니다.

기하학은 소위 순수 학문, 아주 이념적인 학문입니다. 그렇다면 『기원』은 그 이념적인 무언가의 역사에 대한 논고인 셈이죠. 단순히 역사적인 것도 아니고 단순히 이념적인 것도 아닙니다. 그것은 역사성과 이념성의 사이에 있습니다. **데리다의 이념적이고 철학적인 여정은 역사성의 곁에서 개시된 것**이죠.

이렇게 역사성이 문제라는 사실을 데리다는 『마르크스의 유령들』이라는 후기 저작에서 다시 한 번 확인합니다.

> 애초부터 해체의 행보는 […] 역사에 대한 존재 – 신학적일 뿐만 아니라 시원 – 목적론적인 개념을 문제시하는 것으로 이루어져 있었다. […] 이는 역사의 종말이나 몰역사성을 그에 맞세우기 위해서가 아니라 반대로 이러한 존재 – 신학 – 시원 – 목적론이 역사성을 폐쇄하고 중성화하고 종국에는 취소시킨다는 점을 논증하기 위해서였다. 이때 **관건은 또 다른 역사성을 사고하는 것**이었다.[3]

존재-신학-시원-목적론 같은 현란한 말이 나오는데 이건 제가 뒤에서 자연스럽게 설명을 해보겠습니다. 당장 확인하고 싶은 것은 데리다의 논의가 꾸준히 역사성이라는 문제의 주변을 맴돌고 있다는 사실이고, 앞으로의 강연에서 보여드리고자 하는 것은 데리다가 역사 자체를 진리의 층위에 놓으려고 한다는 사실입니다.

말처럼 간단한 문제는 아닙니다. 진리는 기본적으로 보편적이어서 몰역사적인 것이기 때문이죠. 예를 들어 물리 법칙 'F=ma'는 언제 어디서나 'F=ma'잖아요. 역사랑 상관없이, 천 년 전에도 백 년

---

3 *Spectres de Marx*, p. 125[국역본, 156-157쪽]. 인용자 강조.

전에도 그렇습니다. 그런데 데리다는 그것과 약간 다른 수준에서 역사성 자체를 일종의 진리로 올려세우고자 하는 것입니다.

인사라는 문제: 우연과 필연

도대체 얼마나 거만해야 "보아라, 내가 생각한 것, 쓴 것을. 이건 세상에 출간되고 제출될 만한 것이다"라고 말할 수 있겠습니까. […] 이런 거만함의 혐의를 조금이라도 덜어주는 것은 누군가 제게 방문하도록 초청하고 물음을 제기한다는 사실이었습니다. 그리고 그 순간에 저는 스스로가 좀 덜 우스꽝스럽다고, 좀 덜 거만하다고 느끼게 됩니다. 모종의 방식으로 제가 어떤 계기나 초빙에 예의 바르게 응하는 모양새가 되기 때문이죠. […] 그렇게 그게 역사가 되고 사건들이 됩니다.[4]

인사라는 문제를 논의의 출발점으로 삼고 싶습니다. 앞서 말씀드렸던 것처럼 데리다는 어느 순간부터 강연에 갈 때마다 인사를 끝도 없이 늘어놓습니다. 그 흔적이 출간된 후기의 저작들에 고스

---

4   자크 데리다, 마우리치오 페라리스, 『비밀의 취향』, 김민호 옮김, 이학사, 2022, 120-121쪽.

란히 남아 있습니다.

그런데 생각해 보면 인사란 타자의 존재를 전제로 하는 행위죠. 인사를 하려면 인사를 주고받을 타자가 이미 있어야 합니다. 바꾸어 말하면 그것은 선행하는 역사를 전제로 하는 행위입니다. **인사를 한다는 것은 곧 역사를 살아간다는 것, 상속자로서 살아간다는 것, 이미 주어진 과거를 물려받으면서 살아간다는 것입니다.** 『마르크스의 유령들』의 표현을 빌리면 "타자의 절대적인 선행성 내지 절대적인 선도래성"[5]이 인사의 구조를 규정하죠. 타자가 앞서서("선")와("도래") 있습니다.

여기서 중요한 것은 우리가 언제나 이미 타자에 대한 응답으로서 담화를 개시한다는 사실입니다. 데리다의 끝도 없는 인사는 자신의 담화가 무에서 출발하는 절대적인 개시가 아니라는 점을, 타자의 부름에 응하여 촉발된 응답이라는 점을 수행적으로 보여줍니다.

인용한 구절을 보시면, 데리다는 이렇게 씁니다. "도대체 얼마나 거만해야 '보아라, 내가 생각한 것, 쓴 것을. 이건 세상에 출간되고 제출될 만한 것이다'라고 말할 수 있겠습니까." 바꾸어 말하면, 스스로 진리의 담지자인 양 구는 모습은 얼마나 거만하고 우스꽝스러운 일이냐는 것입니다.

---

5 *Spectres de Marx*, p. 56[국역본, 70-71쪽].

데리다와 역사

그런데 그런 혐의를 덜어주는 것은 나보다 앞서 있는 타자의 부름이고 개입입니다. 타자의 우연적이고 우발적인 개입 덕분에 내가 그것에 대답하고 응답하는 형식으로 발표하게 된다는 사실, 역사가 이미 있고 그 기왕의 행정行程 속에서 나의 담화를 조직해야 한다는 사실이 데리다에게는 '철학적'으로 귀중합니다. 이 응답성은 **진리의 전개조차도 역사적 우발성에서 자유로울 수 없다는 사실**을 가르쳐 주기 때문이죠. 그러니까 데리다의 장황한 인사는 단순한 인사치레가 아닙니다. 그것은 자신이 이 세계의 진리를 다른 이들보다 먼저 인식한 선지자 같은 존재가 아님을 확인하는 수행적 장치인 셈입니다. 데리다 본인이 즐겨 사용하는 표현을 빌리자면 인사는 "권리상의 출발점에서 출발하는 것의 불가능성"[6]을 증언합니다. 우선 타자가 주어져 있기 때문에, 우선 다른 무언가가 주어져 있기 때문에 비로소 사유하게 된다는 진리가 인사를 통해 표명됩니다. 사유의 운동 전체를 규제하고 다스리는 권리상의 출발점이나 굳건하게 떠받치는 절대적인 정초점은 확보될 수 없습니다.

제가 방금 우연적이고 우발적인 개입이라고 했습니다. 목차에도 보시면 "인사라는 문제: 우연과 필연"이라고 해놓았죠. 아까 주재자께서 저의 학문적인 여정을 이렇게, 법대를 나왔는데 철학을 전공했고, 독일어를 공부했지만 프랑스 철학을 전공했고, 이런 식으

---

6 *De la grammatologie*, p. 110.

로 요약을 해주셨는데요. 이건 제 인생의 여정에 그다지 필연성이 없다는 사실을 보여줍니다. 그런 우연이 겹치고 겹쳐서 제가 지금 이 자리에서 데리다 철학에 대한 강의를 하게 되었죠.

그런데 이 강의 자체는 적어도 내재적으로는 어떤 필연적인 얼개를 가지고 있어야 합니다. 당연하지만 아무 말이나 해서는 안 되는 거죠. 한 대담에서 데리다는 어조의 급격한 등락을 의도하는 돈강법bathos에 대해 특별히 할 말이 있냐는 물음을 받고서 다음과 같이 말합니다.

> 그 질문은 글을 쓸 때 제게 중요한 무언가를 적시합니다. 즉 구성이나 리듬 말이죠. 그리고 이 리듬이 이를테면 제가 말하는 바보다도, 내용보다도 더 중요합니다. […] 글을 쓸 때마다 저는 경제라는 문제를 마주하게 됩니다. 저는 제 강의와 제 논고가 지나치게 길어지리라는 사실을 알고 있습니다. 어조의 변화를 헤아리게 되는 것은 최선의 순간에 끊기 위해서입니다. 이것을 제가 정당화할 수 있다는 건 아닙니다. 만약 200쪽짜리 한 권을 써 달라고 부탁 받았더라면 마지막 장면에 더 많은 시간을 들였겠지요. […] 많은 것이 보태졌을 테고, 모든 것이, '풍경' 전체가, 바뀌었을 것입니다. 덩달아 리듬도 바뀌었겠죠. 그러니까 여기에는 우발적인 구석이 있습니다. 그럼에도 **저는 (제**

가 계속해서 타협적 절충이라고 부르는 무언가에 의거해서) 맥락
의 우발성 ―'저는 여기서 멈춰야 했습니다'― 을 구성상
의 내부적인 필연성과 어우러지게 만들기 위해서 노력합
니다.[7]

제가 여기서 1시간 동안 데리다 이야기를 하게 되었다는 것은,
저한테 쌓이고 쌓인 우발적인 연쇄들을 1시간이라는 틀 안에서 적
절하게 소화시켜서 이야기해야 된다는 것입니다. 1시간이라는 시
간이나 원고지 200매라는 분량 같은 외적인 제한이 특정한 글, 강
연, 발표의 내부 경제를 규제합니다.

사실 원고지 100매, 200매 같은 분량 자체는 글의 내용과 아무
런 본질적 연관이 없습니다. 같은 내용을 100매로도 200매로도
쓸 수 있겠죠. 그렇다고 글을 쓸 때 아무렇게나 써서는 곤란합니
다. 원고지 100매 제한을 받았는데 200매가 되어야 할 글을 쓰다
가 절반에서 뚝 마침표를 찍고, '아, 이제 그만'이라고 방기하면 안
되는 것이죠. 글 자체로 보면 우발적인 정황, 부차적이고 우연적인
것처럼 보이는 상황을 글 내부의 필연적인 리듬과 조화시켜야 합
니다. 이렇게 우연성과 필연성이 교차하면서 사건이 만들어지고 역
사가 생산됩니다. 요컨대 **역사를 살아간다는 것은 나에게 주어진**

---

7   Jacques Derrida et al., *Life.after.theory*, ed. Michael Payne and John Schad,
New York: Continuum, 2003, pp. 37-38. 인용자 강조.

우발적인 기회를 필연적인 리듬 속에서 소화한다는 것입니다.

그런 의미에서 **역사화란 곧 액자화**encadrement**입니다.** 옆의 그림은 액자화라는 개념을 설명하기 위해서 제가 종종 인용하는 사례입니다.

뉴질랜드의 한 펍에서 누가 남자 화장실 벽을 쳐서 파손시켰는데 펍의 관리자가 액자cadre를 두르고 〈연약한 남성성〉이라는 제목을 붙인 겁니다. 자기한테 주어진 어떤 우발적인 상황을 필연적인 무언가로 의미화해서 생산해 낸 것이죠. 이처럼 **무의미할지도 모르는 어떤 사태를 유의미한 무언가로, 물질적인 것을 이념적인 무언가로 승화시키고 전화시키는 과정, 바꾸어 말하면 이야기를 만드는 과정이 곧 액자화고, 이 액자화의 층위들이 거듭 포개지는 것이 곧 역사화**라고 저는 생각합니다.

마크 로스코Mark Rothko도 제가 좋아하는 사례입니다. 회화 작품이라는 것은 특정한 물질적인 배치를 잘라내고 절취하고 재단裁斷하는 것, 즉 액자화하는 것이죠. 그 자체로는 아무런 의미가 없는 노란색, 아무런 의미가 없는 빨간색일 수 있는데, 그것을 액자로 만들어 내면 유의미한 어떤 단위, 감상의 단위가 됩니다.

물질적인 무언가라고 이야기했지만, 꼭 질료성이 강하지 않아도 됩니다. 존 케이지John Cage의 〈4분 33초〉 같은 작품을 보면, 무대 위에 올라와서 그냥 서 있는 거잖아요? 그러면 4분 33초의 시간을 잘라내는 것입니다.

작자 미상, 〈Fragile Masculinity〉, 2018년

그렇게 재단하는 행위, 액자화 자체가 '스토리'를, 이야기를, 역사를 만드는 것이죠. 특정한 소리의 배열을 이만큼 묶어 자르면 음악이 되고, 의미가 만들어집니다. 그냥 노이즈일 수도 있던 소리들, 혹은 그냥 침묵일 수도 있던 무음들이 유의미한 것으로서 생산되는 것이죠. 물질로부터 이념들을 건져내는 것입니다.

이미 암시했지만, 액자라는 것이 꼭 물질적인 액자의 형식일 필요는 없습니다. 그냥 이만큼의 시간일 수도 있죠. 마크 로스코 같은 경우에는 자신의 작품을 감상하기 위한 배경색을 특정한 회색으로 지정했는데요. 그러면 그것까지 포함해서 일종의 액자가 만들어지는 것이죠.

마르셀 뒤샹Marcel.Duchamp의 〈샘〉이라는 작품을 알고 계실 텐데요. 뒤샹이 변기에 '샘'이라는 제목을 붙이고 'R. Mutt'라고 서명해서 전시회에 가져다 놓습니다. 그런데 이 행위에 함축되어 있는 액자는 아주 큽니다. 〈샘〉은 전시와 관람의 관습적 체계 전체를 상대화하는 한에서만, 그 자체를 액자로 삼는 한에서만 의미가 있습니다. 단순히 변기를 잘라내는 데 의미가 있는 것이 아니죠. 이 경우에는 액자의 단위가 아주 큽니다. 로스코의 경우보다 훨씬 큽니다.

〈4분 33초〉도 마찬가지입니다. 음악회란 무릇 이런 것이라고 전제하는 통상적인 감상의 체계 전체가 하나의 액자가 되어주어야만, 그것이 전위적인 의미를 지닐 수 있습니다. 그렇지 않으면 '그냥 잠시 쉬었다 가는 시간인가? 막간인가?' 이렇게 되는 것이죠.

데리다와 역사

역으로 액자화에 실패한다는 것은 의미의 단위를 어디까지 잘라내야 하는지 이해하지 못한다는 것입니다. 단 자하비Dan Zahavi라는 현상학자가 든 사례인데, 『로미오와 줄리엣』을 보다가 로미오가 독약을 마시는 장면을 보고 의사를 부르는 관객은 액자화에 실패하는 것이죠. 요즘에는 좀 드물지만 드라마에 악역으로 나온 배우가 실제 생활에서 고초를 겪는 경우도 이와 비슷합니다.

이제 동일한 논리를 밀어붙여 생 자체를 상이한 수준에서 액자화해 볼 수 있습니다. 다음 그림은 다비드가 그린 〈마라의 죽음〉입니다. 마라Jean-Paul Marat의 죽음은 다층적입니다. 마라는 혁명으로 죽었고 암살로 죽었고 과다출혈로 죽었고 심정지로 죽었습니다. 사실 인간은 모두 심정지로 죽는 것이죠. 하지만 동시에 이 경우에는 혁명기의 저널리스트로서의 죽음이기도 하죠. 암살에 의한 죽음이기도 하고요.

그런데 이런 여러 층위의 원인들 중 어느 것이 우월하고 어느 것이 열등한지 우열을 단정할 수 없다는 이 모호함이야말로 우리한테 다양한 액자화를 허락하는 것인 동시에 역사를 서술하는 데 필요한 운신의 폭을 주는 것입니다. 만약 이런 모호함이 아니었더라면 역사는 사건들의 단선적인unilinéaire 계열로 쉽게 정리됐을 것입니다. 하나의 동일한 사태가 이것일 수도 있고 저것일 수도 있기 때문에, 이것과 저것 중 어느 한쪽으로 단박에 정리될 수 없고 이렇게도 저렇게도 액자화될 수 있기 때문에 역사가 역사다워지는

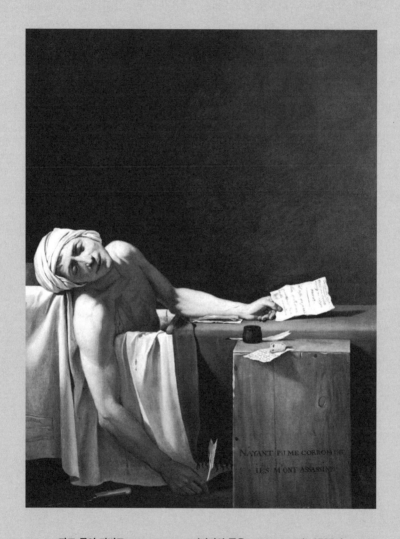

자크 루이 다비드Jacques-Louis David, 〈마라의 죽음La mort de Marat〉, 1793년

것이죠.

혁명, 암살, 과다출혈, 심정지라는 일련의 원인들은 이념부터 물질까지의 그러데이션으로 파악될 수 있습니다. 마라의 죽음은 혁명 쪽에 귀속시킬수록 이념적인 죽음이고 심정지 쪽에 귀속시킬수록 물질적인 죽음입니다. 모든 인간의 죽음은 사실 의미를 줄이고 환원하고 박탈하면 할수록 다 개죽음이 됩니다. 종종 이야기되는 대로 모든 죽음이 평등하다면 이런 개죽음의 수준에서입니다. 반대로 의미를 부여하면 부여할수록 인간의 죽음은 위인의 죽음이 되죠. 그러니까 죽음은 평등하다는 말도 옳고 평등하지 않다는 말도 옳습니다. 그것은 우리 자신이 매번 새로이 결정해야 할 문제입니다.

역사화: 우연과 필연의 사이

제가 물질과 이념을 두 축으로 삼는 것은, 역사의 자리가 어디인지 말씀드리기 위해서인데요. 한편에는 물질적인 필연성이 있고, 다른 한편에는 이념적인 필연성이 있습니다. '1+1=2', 이런 것은 이념적 필연성의 질서에 속하죠. 물질적인 필연성은, 예컨대 비근하게 보면 우리는 심장이 고장 나면 죽는다, 이런 것이죠. 이렇게 두 축을 설정할 때, 역사는, 그리고 해체는, 양자의 사이에 있습니다.

'필연적'이라는 것은 기본적으로 A가 정해지면 Z까지의 전개가 한꺼번에 미리 규정된다는 것을 뜻합니다. 철학적인 용어로 옮기자면 출발지인 아르케가 결정되는 순간 종착지인 텔로스가 이미 규정된다는 것이죠. 필연성은 A와 Z 사이에, 아르케와 텔로스 사이에 이탈 없는 단선적 계보를 수립합니다.

한편으로 우리가 모든 것을 물질적인 필연성 속에서 파악할 수 있습니다.

혹시 〈빅뱅 이론〉이라는 미국 시트콤 보신 분 계신가요? 네 명의 '너드nerd' 과학자들이 예쁜 '옆집 여자the girl next door'를 조우하면서 벌어지는 일인데요. 우주의 탄생에서 출발해 현대 인류사에 이르기까지 빠르게 훑는 이 시트콤의 주제가는 이런 가사로 끝납니다. "이 모든 것은 빅뱅과 함께 시작되었다!" 그러니까 〈빅뱅 이론〉에 따르면, 모든 것이 물질적인 원인으로 환원될 수 있는 겁니다. 우리가 여기에 기본적인 저항감을 느낀다는 것은 말할 필요조차 없겠죠. 그렇게 물질적으로 환원하고 나면 우리의 삶, 우리의 역사가 있을 자리가 없어지기 때문입니다.

다른 한편으로, 이제 그 반대편에는, '역사 철학'이 있습니다. 데리다는 역사 철학이 존재하는 곳에는 역사가 없다고 단언합니다.

역사 철학이 존재하는 곳에 역사는 더 이상 존재하지 않습

데리다와 역사

니다. [그런 역사 철학에서는] 모든 것이 원리상 예견 가능하죠. 모든 것이 어떤 신의, 섭리의 시선 안에 모아들여집니다.[8]

조금 직관적으로 이해하려면, 어떤 사람이 이념적인 대의를 위해 투신하고 심지어는 자살까지 하는 경우를 떠올려 볼 수 있습니다. 그 사람에게는 특정한 이념이 이 생보다, 내가 누릴 수 있는 이 역사보다 더 중요한 것이죠. 그러니까 전적으로 물질적인 죽음, 물질적인 환원이 가능한 만큼 전적으로 이념적인 죽음, 이념적인 환원이 가능합니다.

이념적인 환원을 감행하게 되면, 이 전체 역사가 바로 그 이념을 체현하고 구현하기 위한 자질구레한 단계로 축소됩니다. 데리다는 종종 헤겔의 절대지Savoir Absolu를 그런 이념의 표상으로 거론하는데요. 그 당부 자체는 일단 차치하겠습니다. 중요한 것은 역사가 도달해야 할 어떤 필연적인 목적지, 텔로스, 종말을 설정하고 나면, 실제적이고 구체적인 생의 여정은 그것을 실현하기 위한 도구에 불과하게 되고, 궁극적으로는 무의미하게 된다는 논점을 이해하는 것입니다.

앞서 제가 현란하다면서 해석을 미뤄둔 구절인 "존재-신학-시

8　『비밀의 취향』, 119쪽.

원-목적론은 역사성을 폐쇄하고 중성화하고 종국에는 취소시킨다"는 바로 그런 의미입니다. 신학적이고 시원적인 목적, 우리가 필연적으로 도달해야만 하고 심지어는 도달할 수밖에 없는 그런 목적이 전제되고 나면 생은 살 만한 가치가 없는 것이 되어버리고 지난한 역사는 무가치하게 되어버린다는 것이죠. 이념적인 필연성은 물질적인 필연성만큼이나 생의 고유한 풍요로움을 거세합니다.

한편에서는 이념적인 필연성에 의한 죽음, 즉 진리에 의한 죽음이 가능하고 다른 한편에서는 물질적인 필연성에 의한 죽음이 가능하다는 것은 이런 의미에서입니다. 그리고 그런 **두 죽음 사이에, 두 죽음의 변위modulation로서 필연성의 질서에 속하지 않는 생이 있습니다.**

이것을 데리다가 텍스트, 언어, 기호를 사례로 이야기하는데요. 흔히 언어의 생은 무의미에서 의미가 피어나서 진리로 향하는 선형적인 과정으로 표상됩니다. 그런데 사실 진리가 획득되고 나면 기호들의 직조물인 텍스트는 차라리 지양되어야 합니다. 진리가 정말로 거기 현전하면, 그에 대한 언술은 다 무가치한 것이 되죠. 그러니까 무의미도 진리도 데리다가 보기에는 언어가 죽는 두 가지 방식입니다.

이것은 언어의 역량에 대한 상반된 두 이해를 규정하는 것이기도 합니다.

한편으로 우리는 언어를 진리에 접근하는 역량으로, 이에 따라 언어의 생을 무의미에서 벗어나 진리에 도달하는 여정으로 이해하곤 합니다. 하지만 이런 언어관은 언어를 무한정한 무력감에 시달리게 만들죠. 다른 한편으로 우리는 언어를 우발적인 유희의 역량 쪽에 붙여서 이해하곤 합니다. 그러나 이때 언어의 생은 의미를 유실할 위험, 무의미에 내맡겨질 위험이 있습니다.

데리다는 이 양자의 사이에서 무의미도 진리도 언어의 생이 중단되는 두 가지 방식이라고 주장합니다.

한편으로 "무의미 안에서 언어는 아직 태어나지 않은 것"이고, 다른 한편으로 "진리 안에서 언어는 충만해질 대로 충만해지고 완수될 대로 완수되고 현행화될 대로 현행화되어 지워져야 할 지경에 처하게" 됩니다.[9] 무의미는 언어의 전사前史로서 소산에 의한 소실이고, 진리는 언어의 후사後事로서 완수에 의한 소실인 것이죠. 그래서 언어의 역사는 차라리 무의미와 진리라는 두 죽음의 사이에 있습니다.

다시 데리다를 인용하자면, 언어는 "의미는 출현했으되 진리는 아직 없는 그런 순간에만" 존재합니다.[10] 그러니까 데리다에게 언어의 생이란 좀 어정쩡한 것이고, 생과 죽음이라는 이항의 대립 구도로는 이 어정쩡함을 이해하기 어렵습니다. 언어는 이념적으로도 죽을 수 있고(진리로의 초월에 의한 죽음) 물질적으로도 죽을 수 있다

---

9 *Marges de la philosophie*, p. 288.
10 *Ibid.*, p. 288.

(무의미로의 전락에 의한 죽음)는 것을 이해해야 합니다. 진리로의 점근漸近이나 무의미의 회구는 각각 두 죽음 중 일방을 골라 그에 상응하는 생의 측면을 추려낸 결과에 불과하죠.

해 체 의 자 리 혹 은 역 사 의 자 리

　　　　　이야기가 약간 번다했는데, 물질적인 필연성과 이념적인 필연성 양자 모두와 거리를 두고 특정한 우발성을 적극적으로 긍정하고 소화하려는 노력, 그 속에 역사가 있고 생이 있고 우리 사유의 운동이 있다는 뜻입니다. 『기원』이 이미 양자의 사이에 자리 잡으려는 시도라고 앞서 말씀드렸죠. '물질적'인 '이념'의 '역사'에 대한 논구니까요.

　아주 범박하게 요약하자면, 아무런 위험risk이 없는 삶은 죽은 삶입니다. 죽은 것이죠. **삶을 위해서, 의미 있는 삶을 위해서, 우리는 저 두 필연성의 체계 사이에서, 우발성을 승인해야 합니다.** 우발성이나 우연성을 경유하지 않는다면 아예 아무런 의미가 없기 때문입니다. 약간 의아하게 들리실 수도 있겠습니다만, 데리다는 그렇게 생각합니다.

　사실 완전히 필연적인 것에 대해서는 우리가 의미를 전혀 생각하지 않습니다. 너무 당연하게 있는 것에 대해서는 우리가 '이게 왜 이렇지?' 하고 묻지 않아요. 당연한 채로 그냥 그렇게 있는 것이죠. 완전히 필연적이니까요. 완전히 필연적인 것에 대한 물음은 '왜'가 아니라 '어떻게'입니다. 의미가 아니라 기제가 궁금한 것이죠.

조금 과도한 단순화이긴 한데, 근래 자연학의 사무는 '어떻게'죠. 자연학은 있는 것, 존재하는 것에 대한 탐구입니다. 존재의 '왜'를 묻지 않고 존재의 '어떻게'를 묻습니다. 여담이지만 생성형 인공지능의 대두는 최근 인류사에서 불가역한 국면이 되었는데요. 생성형 인공지능은 '왜'가 아니라 '어떻게'에 의거해서 축조된 존재자입니다. 원리보다는 기제를 본떠 만들어진 존재자죠. 그래서 그것이 자꾸 의문을 야기하는 것입니다. '어떻게'만 가지고서 만들어진 체계의 산출물에 과연 의미가 있는 거야? 이렇게 묻게 되는 것이죠. 아리스토텔레스는 날아가는 화살이 '왜' 떨어지는지 물었습니다. 이와 달리 뉴턴은 날아가는 화살이 '어떻게' 떨어지는지 기술하죠. 이런 물음의 이행이 있습니다.

저는 이 사례를 좋아하는데, 우리가 글을 쓰다가 맞춤법을 틀릴 때 긴가민가하면서 틀리지 않습니다. 긴가민가하면 찾아보고 고치게 되어 있습니다. 굳이 무지가 탄로 나서 부끄러울 필요가 없잖아요? 그러니까 맞춤법을 틀리는 사람들은 대체로 확신을 가지고 틀립니다. 당연하게, 필연성의 질서 속에서 그냥 쓰고 그렇게 틀리는 것이죠.

모든 것이 필연적인 곳에는 아무 의미가 없어요. 의미라는 것이

존재하지를 않습니다. 의미는 이를테면 반사실적인 가능성, 어쩌면 그렇지 않을 가능성, 의심의 가능성을 경유해서만 피어오릅니다. 우발성의 가능성을 경유해야 한다는 것이죠.

당연하게 그렇게 있는 존재에 대해서는 의미에 대한 물음이 성립하지 않는다는 이런 관념을 표현하기 위해 데리다는 『서설』의 끝자락에서 라이프니츠의 유명한 존재론적 물음, "왜 아무것도 없지 않고 무언가가 있는가?"를 인용합니다. 그런데 기묘하게도 데리다는 이 물음에서 '왜 무언가가 있는가'가 아니라 '아무것도 없지 않고'에 강세를 둡니다. 존재의 이유에 대한 저 물음이 성립하기 위해서는 아무것도 없을 수 있다는 가능성, 즉 이 존재 전체가 오로지 우발적이고 우연적일지도 모른다는 가능성을 경유해야만 합니다. 이러저러하게 존재하는 바être tel ou tel의 원인에 대해 논구하기 이전에 존재함être 자체를 우연적인 것으로 취급해야만 합니다. 전적인 부재의 가능성, 즉 아예 아무것도 없을 수도 있다는 가능성 속에서만 존재의 의미에 대해 물을 수 있기 때문이죠. 약간 동어반복처럼 들릴 수도 있는데, **존재로부터는 존재의 의미를 도출할 수 없다는 것입니다.** 존재하는 건 그냥 존재하는 거죠.

저는 이것이 우리가 일상적으로 하는 경험이라고 생각합니다. 흔한 인생의 경험이고 상실의 경험이고 애도의 경험이죠. 우리는 청춘이 있을 때는 청춘인 줄 모르다가 청춘이 끝나고 나면 청춘의 의미를 묻기 시작합니다. **누군가가 떠나고 나서, 무언가를 잃고 나**

서, 그 부재를 경유해서 비로소 그 의미에 대해 묻게 된다는 것, 아주 흔한 경험입니다. 단지 데리다는 이를 존재함 자체에 대해서 그대로 적용하고 있을 뿐이죠.

"기호의 자의성에 관한 학"으로서의 그라마톨로지

거듭 강조하자면 그 우발성과 더불어서야 의미가 있고 역사가 있습니다. 모든 것이 필연적으로 예정된 삶은 아예 아무런 삶이 아닙니다.

바로 여기서 우리는 처음의 이야기로 다시 돌아갈 수 있을 것입니다. 데리다가 그라마톨로지를 두고 여러 개의 규정을 제공하는데 기본적으로 그것은 문자학, 즉 "에크리튀르의 학"[11]입니다. 이게 데리다가 독창적으로 발명했다기보다는 기존에 존재하는 학제를 가져와서 자기식으로 뒤튼 겁니다. 데리다적으로 뒤틀리면서 그것은 "기호의 자의성arbitraire에 관한 학"이 되고 "흔적의 비동기화immotivation에 관한 학"이 됩니다.[12]

기호의 자의성은 소쉬르의 테제인데, 아주 간단한 이야기입니다. 보통 기표signifiant와 기의signifié라는 표현을 사용하는데, 낯서니까

---

11 *De la grammatologie*, p. 13.
12 *Ibid.*, p. 74.

기호와 의미라고 하겠습니다.

기호의 자의성 테제는 기호와 의미 사이에 아무런 필연적인 관계가 없다는 테제입니다. 예를 들어 '사자, Löwe, lion, leo' 같은 기호들은 다 같은 의미를 가지고 있죠. 이렇게 다양한 기호들이 같은 의미를 가진다는 사실 자체가 **기호와 의미 사이에 필연적인 관계 같은 것은 존재하지 않음**을 증명합니다. 기호와 의미 사이에 필연적인 관계가 설정될 수 있었더라면, 발견될 수 있었더라면, 기호가 저렇게 다양하게 증식하지 않았을 테니까요. '사자'나 'lion'이 사자를 뜻해야 할 필연성 같은 건 존재하지 않습니다. 그러니까 언어가 그렇게나 많고 우리가 외국어를 공부하느라 괴로워하는 것이겠죠.

여태까지 역사는 액자화의 운동이라고 했고 두 필연성 사이에서 어떤 수준, 어떤 층위에서 의미를 길어 올릴 것인지 결정하고 묶어 내는 운동, 재단하고 절취하는 우발성의 운동이라고 했습니다. **의미를 재단하고 포획하는 이 운동을 가장 최소한의 형태로 보여주는 것이 기호입니다.** 보통 특정한 기호에는 특정한 의미가 적재되기 마련입니다. 그런데 그 둘 사이에는 아무런 필연적 관계가 없어요. 그렇게 액자화하는 것 자체에는 아무런 자연적 동기 motivation가 없습니다. **기호는 그 자체로 우발성을 체현하고 있는 것입니다.**

기호란 이념이 적재된 물질적 상입니다. 물질적이라고 해서 꼭

데리다와 역사

시각적이거나 촉각적일 필요도 없어요. 청각적이어도 됩니다. 그런데 /일/, /wʌn/이나 /이/, /tuː/ 같은 소리가 이념적인 하나나 둘을 의미할 아무런 필연성이 없어요. **기호의 액자화는 말하자면 최소치의 역사화인 것이고, 기호의 자의성은 역사의 근본적 우발성으로 번역될 수 있습니다.**

이제 우리는 강의의 목표가 되는 구절로 돌아가게 되고, 이 구절을 전혀 다른 어조로 읽을 수 있게 되었습니다.

> 역사성 자체는 에크리튀르의 가능성에, 에크리튀르 일반
> 의 가능성에 결부되어 있다. […] 에크리튀르는 어떤 역사
> 의, 역사학의 대상이기 이전에 역사의 장을, 역사적 생성
> 의 장을 개방한다.[13]

기호·기록·문자는 물론 선사와 역사를 가르는 기준점이지만, 그 이상의 것입니다. 기호화의 운동이 액자화로서의 역사화의 운동을 이미 체현하고 있기 때문이죠.

기호화, 액자화, 역사화 사이의 이와 같은 등치로부터 몇 가지 귀결을 더 끄집어낼 수 있습니다. 이토록 중요한 문자·기호·기록을 통해서 우리가 결국 무엇을 하고 있는지 생각해 봅시다. 그것

---

13 *De la grammatologie*, p. 43.

을 통해서 우리는 역사적으로 단 한 번만 벌어지고 말 사태, 일회적이고 독특한 사태를 이념적인 층위 쪽으로 끌고 갑니다. 어제 제가 먹은 밥에 이름을 붙여 보죠. '어제 아침밥', 이러면 '어제 아침밥'이라는 기호를 통해서 계속 반복 가능하게 됩니다. 이미 지나가 버렸고 반복할 수 없게 된 일회적인 사태인 어제 아침밥이 이념적인 질서 속으로 내던져지는 것이죠.

마찬가지로 '프랑스혁명'이라고 하면 특정한 연도에 벌어졌던 사태들을 하나의 덩어리로 묶어서 이념적인 질서 속으로 내던지게 됩니다. **역사를 쓴다는 것은 이런 기호화이고, 절취·재단·인용·반복될 수 있는 어떤 단위를 만들어 내는 일입니다.** 기록이죠. 그냥 독특하고 일회적이었던 것이, 한 번만 벌어지고 지나갈 것이었던 것이 기록을 통해서 약간 이념적이게 되는 것이죠. 다음 강연에서 이 논점으로 시작하겠습니다.

2강

원에크리튀르:
역사쓰기의 원폭력

안녕하세요. 「데리다와 역사」의 두 번째 강연인데요. 첫 번째 시간에 했던 내용을 이어받으면서 이야기를 진행할 것입니다. 목차는 다음과 같습니다.

'두 죽음 사이의 생'으로서의 역사

역사 '쓰기'의 원폭력: 생에서 다시 죽음으로

폭력의 경제로서의 역사

역사적 인식?

사례의 이중구속

오늘 강의의 부제는 "원에크리튀르: 역사쓰기의 원본적 폭력"입니다. 강의의 목표는 다음의 구절을 이해하는 것입니다.

> 에크리튀르[⋯]는 원본적 폭력 자체다: '호격표point vocatif'의 순수한 불가능성, 부름표point de vocation의 불가능한 순수성. [⋯] 원에크리튀르archi-écriture의 폭력, 차이의, 분류의, 호명 체계의 폭력이 통상적인 의미의 폭력, 즉 파생된 폭력을 가능하게 만드는 공간으로서 존재한다. [⋯] 이름 붙이기[⋯]는 언어의 원본적 폭력으로, 절대적 호격vocatif absolu을 차이의 안에 기입해 넣는 것, 분류하는 것, 계류시키는 것으로 이루어져 있다. 독특한 것을 체계의 내부에서 사유하기, 그 안에 기입하기, 이것이 원에크리튀르의 제스처다: 원폭력archi-violence, 고유함의 상실.[1]

호격, 즉 누군가를 부른다는 것은 고유명을 입에 올리는 것이죠. '데리다!' '김민호!'라고 부르는 것입니다. 호격표라는 용어 자체는 데리다의 것이 아니라 루소의 것입니다. 루소가 문장이 물음이라는 사실을 표시하는 물음표나 문장이 끝나는 것을 표시하는 마침표처럼, 부르는 행위를 명명하는 행위와 구별해서 표시해야 된다

---

1 *De la grammatologie*, pp. 162-164.

고, 그것을 위한 기호가 따로 마련되어야 한다고 주장하는데, 바로 그런 주장을 겨냥해서 데리다가 이런 이야기를 하는 것입니다. 호격표나 부름표는 불가능하다는 것이죠.

이 불가능성의 의미를 이해하려면 먼저 루소가 왜 호격표나 부름표가 필요하다고 주장했는지 이해할 필요가 있습니다. 전반적으로 데리다는 루소를 이런저런 상실을 슬퍼하는 사상가로 소묘하는데, 여기서는 특히 고유함propre의 상실을 슬퍼하는 사상가로 그리고 있습니다. 루소가 해당 기호들이 필요하다고 주장하는 것은 고유성을 존중하려는 의도에서입니다. 호격표나 부름표가 있다면 고유명을 고유명인 채로 온존할 수 있다고, 따라서 고유성을 고유한 채로 온존할 수 있다고 믿는 것이죠.

그리고 문면에서 이미 분명한 대로 데리다는 전혀 그렇게 생각하지 않습니다. **기록을 한다는 것 자체, 무언가를 쓴다는 것 자체가 이미 고유성에 대한 폭력**이라고 생각하죠.

기호의 체계는 기본적으로 차이와 반복에 의해 존립합니다. 예컨대 하나를 의미하는 '1'과 둘을 의미하는 '2'는 독자적으로 그렇게 되는 것이 아니라 서로의 차이에 의해서, 차이들의 망 속에서 그런 의미를 가지게 됩니다. 그리고 다시 설명드리겠지만 '1'이나 '2' 자체는 그림이나 도상이 아니라 기호로서 인지되려면 반복 가능한 것으로서 인지되어야 합니다.

그런데 여기서 호격으로 표상되고 있는 날것의 고유성은 절대적으로 고유하려면 모든 차이와 무관해야 하고 반복 불가능해야 합니다. 특정한 차이에 입각하는 순간 상대화되고, 반복되는 순간 고유하지 않게 되니까요. 곧 더 자세히 말씀드리겠지만, 차이의 체계, 반복의 체계 속에 대상을 집어넣는 "원에크리튀르의 제스처"는 이런 의미에서 고유성에 대한 위협이자 폭력이며, 데리다가 보기에는 통상적인 의미의 폭력, 다른 모든 종류의 폭력에 앞서는 폭력입니다.

'두 죽음 사이의 생'으로서의 역사

제가 첫 번째 강의에서 역사를 두 죽음 사이의 경제, 두 죽음 사이에서 확보되는 생으로서 묘사를 했었는데요. 데리다에게 역사는 생 일반, 존재 일반을 지칭하는 말이나 다름없습니다. 그래서 제가 저번에 기호의 자의성, 존재의 우발성, 역사의 우연성을 포개어 놓으려고 했죠.

이렇게 역사를 곧장 존재와 등치시킨다는 것이 조금 낯설 수도 있는데, 데리다한테는 그렇습니다.

존재가 철두철미 역사로서, 세계로서 산출된다는 것[2]

존재한다는 […] 상속한다를 의미한다.[3]

    바꾸어 말하면 데리다에게 **존재한다는 것은 언제나 역사적으로 존재한다는 것**입니다. 우리는 스스로를 언제나 이 시간 속에 처해 있는 존재자로서, 역사가 흐르는 중에 있는 존재자로서 발견한다는 것입니다. 이것은 데리다가 아주 일찍 발견하는 진리입니다.

    데리다의 유명한 개념 중 하나로 '차연'이라는 개념이 있습니다. 이것은 'différance'의 역어인데요. 잘 알려져 있듯 '차'이와 지'연'을 합쳐서 만든 것입니다. 프랑스어에서 지연도 'différer'고 차이도 'différer'이니까 이 둘을 중첩시키면서 중동태적인 신조어로서 데리다가 'différance'라는 말을 만들어 낸 것이죠. 그런데 데리다는 도대체 왜 차연에 대해서 말해야 했을까요? 왜 그 개념에 도달하게 됐을까요?

    1962년 『서설』의 말미를 보면 그 연유를 짐작할 수 있습니다. 거기서 관건은 철학과 역사의 관계인데요. 데리다에게 철학은 언제나 역사의 과정 중에 처해 있다는 점에서 유한성의 담화입니다. 제가 저번 강의에서도 인용했던 라이프니츠의 물음이죠. "왜 아무것도 없지 않고 무언가가 있는가?" 이 물음은 잘 생각해 보시면 사실 "왜 아무것도 없지 않고 무언가가 **언제나 이미** 있는가?"와 같은

---

2   Jacques Derrida, *L'écriture et la différence*, Paris: Seuil, 1967, p. 213.

3   *Spectres de Marx*, p. 94[국역본, 122쪽].

것입니다. 왜냐하면 나는 무언가가, 존재가, 언제나 이미 나보다 앞서서 주어져 있기 때문에, 내가 그것을 상속하고 있기 때문에, 오로지 그렇기 때문에, 이게 왜 존재하는지 묻게 되는 것이거든요. 데리다가 인용한 이 물음은 이미 역사성을 승인하는 물음인 것이죠. 이것은 나의 '왜'라는 물음이, 나의 사유가, 하나의 철학적 의문이기 이전에 무언가가 나보다 앞서서 존재한다는 역사적 사실에 대한 체험임을 폭로합니다. 저번 강의에서 "타자의 선도래성"이라고 불렀던 것이 이 물음이 성립하기 위한 전제 조건, 즉 가능 조건입니다.

바꾸어 말하면 철학은 이 역사, 이 존재보다 항상 늦고 있는 것입니다. 그렇게 철학은 자기 자신이 아닌 다른 무언가가 존재한다는 것을 늦음의 형태로 발견합니다. '차'이를 지'연'의 형태로 발견하는 것이죠. 데리다의 용어로 다시 바꾸어 말하면, 철학은 역사에 대해 차연적으로 존재합니다. 그래서 데리다에게 철학은 영원히 유한한 담화입니다. 결코 역사의 바깥으로 나갈 수 없기 때문이죠. 이것이 62년도의 『서설』에서 이미 그러했고, 90년대의 『마르크스의 유령들』에서도 다시 확인되는 것입니다.

이 강의 전체의 제목인 「"스스로 철두철미 역사적임을 알고 있는 철학"으로서의 해체」라는 것도 이런 궤에서 이해될 수 있습니다. 이 역사의 과정, 역사의 전개 전체의 의미("왜")를 일거에 정리해 줄 수 있는 그런 철학은 없다는 것이죠.

그리고 이 역사를, 이 생을 제가 두 죽음 사이의 경제로서 소묘했습니다.

이때 경제라는 표현은 데리다 자신이 쓰는 것인데, 그 어원적 의미를 되새기면 좋습니다. 경제économie란 내부적인 사무를 뜻하는 오이코스oikos와 법률이나 분배를 뜻하는 노모스nomos가 합쳐진 단어죠. 그러니까 역사와 생이 죽음의 경제라는 말은, 생이 죽음과 단순히 대립하지 않고, 죽음 내부에서의 사무라는 것을 뜻합니다. 저번에 말씀드린 바에 따르면, 이념적인 죽음과 물질적인 죽음 사이에서 이 두 죽음 모두에 저항하는 것, 양자로의 환원에 저항하는 것이죠.

바꾸어 말하면 **생은 두 죽음 모두를 미루는 운동, 차연시키는 운동**입니다. 그렇다고 해서 저 죽음들로부터 단적으로 벗어날 수는 없죠. 그래서 데리다가 나중에는 "생-사la vie-la mort"같은 표현을 사용합니다. 이것이 우리말에서는 너무 자연스럽게 읽히는 감이 있지만, 프랑스어에서는 부자연스러운 조어가 됩니다. 이 부자연스러움을 감수함으로써 데리다가 표현하고자 하는 바는 생과 사 사이의 긴밀한 협착이죠. 저희가 여태 논한 것입니다. "삶을-넘어서는-삶sur-vie"의 경우도 마찬가지입니다. 이에 대해서는 뒤에서 상술하겠습니다.

앞서 세 차례에 걸쳐 하게 될 강의 전체의 목표는 "텍스트-바깥은 없다"가 "역사-바깥은 없다"와 거의 등치라는 것을 보여드리는 데 있다고 말씀드렸었죠. 그래서 제가 기록, 문자, 기호, 에크리튀르 개념이 어떻게 역사 개념과 연동되는지 설명드렸습니다. 이 연동에 대해서 조금만 더 보완하면서 요약하겠습니다.

기본적으로 선사와 역사를 가르는 기준점인 에크리튀르는 기록하고 기호화한다는 것입니다. 그런데 기호signe란 무엇이죠? 기의가 적재된 기표, 의미가 적재된 기호, 이념이 적재된 물질입니다. 그렇다면 기호작용signification은 무엇일까요? 이것은 기호라는 개념의 두 축, 즉 이념과 물질 중 어느 한쪽으로의 환원을 거부하고 그 사이에서 머무는 작용이 됩니다. 이 사이가 곧 의미signification의 장이고 역사의 장이자 삶의 장이라는 이야기를 저번에 말씀드렸죠.

이런 구도를 텍스트라는 개념 쪽으로 가져오면, 이제 텍스트는 어떤 실재적인 대상을 지시désignation하는 활동으로도 어딘가 다른 곳에 선재하는 이념적인 대상을 전사transcription하는, 그러니까 복사하고 받아 적는 활동으로도 환원되지 않습니다. 텍스트는 양자의 사이에서 길을 냅니다.

여기에 "텍스트-바깥은 없다"라는 악명 높은 테제의 한 가지 의미가 있습니다. 텍스트의 운동, 기호의 운동을 관장하고 규제하는 무언가 초월적인 심급, "바깥"은 존재하지 않는다는 것이죠. 구체적으로 말하면, 한편으로는 초월적인 기의, 의미, 이념도 없고, 다른 한편으로는 초월적인 기표도 없습니다. 나아가 기호의 운동은 기호를 발신한 서명자signataire의 의지로도 통제되지 않고―'signataire'는 본래 서명자를 뜻하는 단어인데요. 데리다가 이것을 기호를 뜻하는 단어인 'signe'와 붙여서 활용한다는 사실을 눈여겨보셔야 합니다―그것을 통해서 가리켜지는 지시체로도 환원되지 않죠. **기호의 운동을 영구적으로 정박시키는 그런 "바깥"은 없다는 것**입니다. 그 어떤 "바깥"으로도 환원되지 않고 정박되지 않는 기호 고유의 운동이 있고, 거기에 역사가 있고 우리의 생이 있습니다.

만약 그렇지 않고 특정한 무언가로, 빅뱅이나 절대지로 이 세계의 행정이 환원될 수 있다면, 사실 우리의 세계는 끝장입니다. 더 이상 설명할 구석이 없게 되겠죠. 우발적인 우리의 생이 펼쳐지는 장이 존재하지 않게 됩니다.

데리다는 바로 그런 관념에 반대하면서 거기에 '존재신학'이라는 이름을 붙입니다. 데리다가 존재신학의 비판자라는 것은 그가 그런 초월적인 심급을 전제하는 사유, 생과 역사를 규제하는 "바깥"을 상정하는 사유, 이 세계의 행정, 이 역사의 행정을 다스리는 특정한 심급이 있다고 믿는 사유를 비판한다는 뜻입니다. 여기까지 저번 강의의 내용을 조금 더 심화해서 말씀드렸습니다.

역사'쓰기'의 원폭력: 생에서 다시 죽음으로

제가 여태까지 우리가 물질적으로도 죽을 수 있고 이념적으로도 죽을 수 있으며, 그 사이에 생이 있고 역사가 있다고 말씀드렸는데요. 그런데 이렇게 가까스로 확보된 생을 다시 죽음의 편으로 가져가야 합니다. 이것이 바로 "역사쓰기의 원폭력"이라는 문제입니다. 그래서 그다음 항목의 제목이 "역사'쓰기'의 원폭력: 생에서 다시 죽음으로"인 것이죠.

계속 죽음이라고 말씀드렸는데, 물질적 죽음과 이념적 죽음이라는 차원은 너무 크고 거칠잖아요? 그래서 이것을 기호론적으로, 바꾸어 말하면 '그라마톨로지적'으로 가져왔을 때 어떻게 이해될 수 있는지 간략히 보여드리려고 합니다. 한편에는 후설적인 죽음이 있고 다른 한편에는 조이스적인 죽음이 있습니다.[4]

• 후설의 경우: "역사를 무한정한 되풀이라는 빈곤 속에서 불모의 것이 되도록 고갈시키고 마비"시키는 죽음, "경험적 언어를 그 일의적이고 번역 가능한 요소들의 현행적 투명성에 이르게끔 방법론적으로 환원하거나 빈곤하게 만드는" 죽음.

---

4   해당 내용은 *L'origine de la géométrie*, p. 104 이하.

• 조이스의 경우: 중의성을 "총체적으로 반복하고 그것을 다시 떠맡는" 죽음, 역사 안에 "축적되고 뒤섞인 지향들의 가장 큰 역량을 [그것들을 망라할 만한] 가장 커다란 동시성으로 드러내는" 죽음.

요컨대 한편에는 역사를 환원하는 후설적인 방식이 있고 다른 한편에는 역사를 환원하는 조이스적인 방식이 있습니다.

후설적인 죽음은 일의성univocité에 의한 죽음입니다. 돈키호테를 사례로 들고 싶은데요. 돈키호테는 모든 사태에서 동일한 것을 봅니다. 돈키호테는 풍차를 보면 거인이라고 생각하고 덤벼들죠. 이것은 **모든 것에서 같은 것만을 보는 태도, 모든 역사의 순간에서 동일자를 보는 태도**입니다. 자기 머릿속에는 완결된, 완성된 어떤 체계가 있고, 모든 순간, 모든 곳에서 오로지 그것만을 보는 것입니다. 이런 일의성은 역사를 죽입니다. 사는 게 사는 게 아닙니다. 돈키호테의 삶이 사는 게 아니지 않습니까? 모든 것에 대해 철두철미 체계적인 이해가 고정되어 있는 사람은 타자를 맞아들이지 못합니다. 돈키호테는 알돈자를 알돈자로 보지 못합니다. 돈키호테에게 알돈자는 둘시네아입니다.

이렇게 모든 것에서 같은 것만을 보는 일이 드물지 않습니다. 특정한 이념에 경도된 사람은 모든 역사의 단계들을 그 이념의 실현 단계로만 봅니다. 미숙한 실현이냐 성숙한 실현이냐 이런 차이만 있는 것이죠. 이것이 후설적인 죽음입니다. "역사를 무한정한 되풀이라는 빈곤 속에서 불모의 것이 되도록 고갈시키고 마비"시키는 돈키호테는 알돈자의 고유성을 보지 못합니다.

쉬운 예로는, 사랑에 빠진 사람들의 행동 양태도 이와 비슷합니다. 사랑에 빠진 사람들은 무엇을 봐도 그 사람만 생각나죠. 약간 다른 의미에서지만 한나 아렌트라는 철학자는 사랑을 무세계적 감정, 그러니까 사랑의 당사자들을 뺀 나머지 세계를 도외시하는 감정이라고 말하는데, 그런 것입니다. 역사를 후설적으로 환원하는 사람은 실제의 타자에 대해, 실제의 세계에 대해 무관심합니다.

이 후설적이고 이념적인 죽음의 반대편에는 조이스적인 죽음, 중의성équivocité에 의한 죽음이 있습니다. 기호 내부에서의 사태이지만 조이스적인 죽음은 물질적인 죽음입니다.

당장 필요한 맥락에서 간단하게만 설명드리면 물질적이라는 용어는 선별, 여과, 지연 없이 모든 것이 모든 것과 즉각 소통하고 교호交好함을 뜻합니다. 물질과 정신이라는 고전적인 대립을 잠정적으로 활용한다면 데리다적인 견지에서 양자 사이의 가장 명확한 대별점은 차연일 것입니다. 지연이라는 의미에서 말이죠. 물질은 작용action에 대한 반작용réaction을 미루지 못합니다. 물질적 연쇄는 즉각적인 작용-반작용의 연쇄죠. 정신이 물질과는 다른 무언가라면 그것은 무엇보다도 차연의 기관으로 해석될 수 있습니다. 어떤 작용이 있을 때 즉시 반응réaction하지 않는 차연이 정신을 정신

답게 구성하는 기본적인 요소입니다. 정신의 고유한 능력faculté으로 지목되곤 하는 숙고, 반성, 관조 같은 능력도 차연의 정련된 아종亞種에 불과합니다.

다시 조이스 이야기로 돌아가겠습니다. 으레 인간은 죽음의 순간에, 즉 생명체이기를 그치고 물질로 되돌아가는 순간에 주마등을 체험한다고 하는데, 공교롭게도 주마등이 조이스적인 죽음의 정확한 표상입니다. 생의 모든 순간을 한꺼번에 체험한다는 것은 곧 역사 안에 "축적되고 뒤섞인 지향들의 가장 큰 역량"을 "가장 커다란 동시성으로 드러낸다"는 것이죠. 인생의 모든 순간이 찰나에 집약되어 차연 없이, 무차별하게 뒤섞이는 이미지입니다. 후설적인 환원이 이 세계, 이 생에 대한 극도의 무관심을 통해 표현된다면, 조이스적인 환원은 세계 전체를, 삼라만상을 하나도 놓치지 않으려는, 생의 모든 순간을 한꺼번에 붙들고자 하는 극도의 관심으로 표현될 수 있습니다.

다들 알고 계시는 동요를 예로 들겠습니다. '원숭이 엉덩이는 빨개, 빨간 건 사과, 사과는 맛있어…', 이 노래 특유의 재미를 규정하는 역사, 그 이행의 과정이 생략되고 원숭이 엉덩이부터 백두산까지 한꺼번에 들이닥치는 것, 그것이 조이스적인 죽음입니다. 이렇게 본다면 원숭이 엉덩이가 곧 사과, 바나나, 기차, 비행기, 백두산입니다. **모든 개체와 모든 찰나가 곧 전 우주의 반영물이라는 사고방식**이죠.

기호라는 개념의 주변에서 이념적이거나 물질적인 두 죽음이 어떤 식으로 이해될 수 있는지 설명드리기 위해서 후설과 조이스라는 데리다 자신의 구도를 차용했는데요. **일의성의 죽음이든 중의성의 죽음이든 둘 다 동일자의 폭력**입니다. 전 우주가 하나의 의미로 환원될 수 있거나(일의성의 경우) 모든 개체가 이미 전 우주이거나(중의성의 경우) 하는 것이죠. 어느 쪽이든 역사를 삭제한다는 점에서는 다르지 않습니다.

폭력의 경제로서의 역사

살기 위해서 죽어야 한다면 이 때문입니다. 어쩔 수 없습니다. **후설적으로든 조이스적으로든 모든 것을 단숨에 의미화하고자 할 때, 모든 것을 한꺼번에 살아내고자 할 때, 오히려 삶다운 삶은 사라집니다. 우리는 죽어야만 하고 심지어는 죽여야만 합니다.** 조금 부드럽게 말하자면, 선별해야만 합니다.

이것을 데리다는 "유한성의 법칙"[5]이라고 부릅니다. "망각, 배제, 살해"가 불가피합니다. 데리다는 영생을 추구할 수 없다는 불가능성에 만족하지 않고 나아가 영생이라는 것을 아예 바라서도 안 된

---

5   *Spectres de Marx*, p. 144[국역본, 177쪽].

다고 생각하는 사상가인데요. 저번 강의에서의 표현으로 바꾸어 말하면, 결국 액자화를 해야만 합니다. 그래야 의미의 단위를 획정劃定하고 의미를 생산할 수 있죠. 그런데 액자화를 할 때는 언제나 바깥에 누락되는 것이 있습니다. 특정하게 액자화하고 나면, 그에 따라 배제되고 외부화되는 것들이 있을 수밖에 없습니다. 망각하고 배제하고 살해해야 하는 것입니다. 이것이 "유한성의 법칙"이죠.

더군다나 기록에서는 그것이 기록이라는 것만으로도 이미 죽음의 냄새가 납니다. 극한까지 밀어붙여 보면 기록의 가능성은 바로 그 기록을 하는 사람의 부재 가능성, 사멸 가능성을 전제로 하기 때문입니다.

제가 지금 여기서 '김민호'라고 서명하고 나면, 그 서명은 제가 없어도, 제가 죽어 사라져도 언제나 '김민호'로서 남아야 합니다. 기호signe와 서명signature은 서명자signataire가 부재하는 중에도, 서명자가 죽고 사라져도 여전히 기호와 서명으로서 기능할 수 있어야만 합니다. 마찬가지로 기호는 그것이 가리키는 대상이 부재하더라도 여전히 기호로서 이해될 수 있어야 합니다.

기호가 기호로서 이해된다는 것은 무언가가 항구적인 반복 가능성의 면에서 규정된다는 뜻입니다. 기호화란 인용 가능하고 반복 가능한 의미의 단위를 재단하고 절취하는 것임을 제가 여러 차례 말씀드렸습니다. 인용도 물론 반복의 일종이죠. 제가 '김민호'라고 쓰면, 이것이 기호라면, 원리상 반복 가능해야 합니다. 우리가 의미를 몰라도, 쓴 사람이 누군지 몰라도 반복할 수 있습니다.

우리가 아직 해독하지 못하는 고대의 비문inscription lapidaire 같은 것을 생각해 봅시다. 그것의 의미를 이해하지 못함에도 불구하고 그림이 아니라 문자나 기호라고 인식한다는 것 자체가 이미 독특한 일입니다. 그런데 그렇게 인식할 때 우리는 그것을 원리상 반복 가능한 무언가, 반복할 수 있음에 의해 규정되는 무언가로 인식하고 있습니다.

만약 무언가를 그림으로 인식한다면, 그것은 오히려 반복에 저항할 것입니다. 예술 작품은 반복에 저항하죠.

〈모나리자〉를 우리가 반복할 수 없겠지만, 물리적 특질 하나하나 그대로 반복하고 복사할 수 있다고 쳐봅시다. 이미 그렇게 반복하는 일 자체가 아주 어려운 일입니다. 그리고 그렇게 반복했다고 해도 우리가 그것을 기호로 사유하는 것은 아닙니다. 하나는 여전히 다른 하나의 복제본에 불과하게 됩니다. 설령 원본만큼 완벽할지라도 말이죠.

그런데 무언가를 기호로 간주할 때 반복은 아주 쉬운 일이 됩니다. 제가 지금 '+'라고 한 번 쓰고 또 한 번 '+'라고 쓰면, 이 기호가 다 다르게 생겼을 것입니다. 제가 프린터가 아니니까요. 그래도 그것은 동일한 기호의 반복으로 간주됩니다. 그 모든 감성적인 차이, 실제적인 차이에도 불구하고 말입니다.

「서명, 사건, 맥락Signature, événement, contexte」 같은 글을 보면 데

리다는 주관이니 의미니 하는 것은 아랑곳하지 않은 채로 언제나 반복 가능하다는 사실 자체에 의해서 기호가 기호로서 존립한다는 점을 집요하게 강조합니다. 단청의 무늬가 반복된다고 해서 우리가 그것을 기호나 문자라고 하지 않습니다. 그것은 그냥 패턴이나 문양이죠. 반대로 **어떤 대상을 기호로 인식할 때 우리는 설령 그 대상이 단 한 번만 쓰여 있을지라도 그것을 무한정한 반복 가능성의 면에서 봅니다.**

기호화가 반복 가능한 단위의 생산이라는 사실을 이해하는 것은 역사를 쓰는 행위가 근원적인 폭력이라는 사실을 이해하는 데 꼭 필요합니다.

제가 저번 강의에서 모든 것이 이념적으로 환원될 수 있거나 반대로 모든 것이 물질적인 전개로 설명될 수 있다면 우리 삶에는 살 가치가 없다고, 역으로 역사쓰기란 물질적인 무의미와 이념적인 무의미라는 이 이중의 무의미로부터 의미를 건져내는 작업, 이중의 죽음으로부터 생을 건져내는 작업이라고 말씀드렸습니다.

역사적인 대상은 생생했던 것, 살아 있던 것, 독특한 것, 일회적이고 불가역한 것이라는 특성을 가지고 있습니다. 기호나 문자와 완전히 대척을 이루는 것이죠. 제가 지금 마시고 있는 이 커피, 이걸 한 모금 마시면, 이 역사는 다시 반복될 수 없고 그대로 지나가죠. 아무리 사소한 행위일지라도 그냥 지나가고 사라집니다.

역사를 쓴다는 것은 바로 이런 독특하고 일회적인 사실을 반복 가능하게 만든다는 것입니다. 그래서 역사쓰기는 근본적으로 자기 자신의 고유한 대상을 배반하면서, 독특했던 대상을 반복 가능성의 체계 안에 욱여넣으면서 진행됩니다. 이번 강의의 독해 목표가 되었던 구절로 되돌아가자면, 요컨대 역사쓰기란 "독특한 것을 체계의 내부에서 사유하기, 그 안에 기입하기"이고, 여기에 그것의 원폭력이 있습니다.

데리다가 이처럼 기록, 쓰기, 에크리튀르를 심원하게 폭력적인 행위로 간주하는 것이 조금 과장적인 몸짓처럼 보일 수도 있는데요. 데리다로서는 이 점을 무척 진지하게 사유해야 했습니다. 왜냐하면 데리다는 고유성을 고유한 채로 내버려 둘 수 없다고 생각하기 때문이죠.

약간 유행이 지난 말이지만 인생에는 보통 '중2병'이라는 용어로 개념화되는 시기가 있습니다. 꼭 중학교 2학년이 아니라고 하더라도 인간이 성장하면서 자기의, 자아의, '에고'의 규정 불가능성에 집착하는 시기가 있습니다. '나는 몇 마디 말로 규정할 수 있는 존재가 아니야' 같은 것이죠.

그런데 데리다는 그럼에도 기호화해야 한다고, 반복 가능한 체계 안에 욱여넣어야 한다고, 그렇지 않으면 아예 아무런 의미를 확보할 수 없다고 생각하는 사상가입니다. 물질과 이념 사이에서 역사를 확보해야 하는데, 그것은 기호화하는 한에서만, 기록하는 한에서만 가능한 일이라는 것입니다. 바꾸어 말하면, 우리가 약간 죽어야 한다는 것이죠. **생생한 것, 생생했던 것을 그냥 날것인 채로 그대로 내버려 두면 역사가 없습니다.** 그냥 지나가 버리죠. 그것을 붙들어서 반복 가능한 기호의 체계 안에 욱여넣는 한에서만 우리가 역사를 역사로서 살아갈 수 있다는 이야기를 데리다는 하는 것입니다. 역사쓰기는 근원적으로 폭력적이지만, 그 폭력의 바깥으로 나갈 수는 없습니다.

이것을 다음과 같이 두 차원의 생으로 나누어서 설명할 수도 있습니다.

> 살아남기의 의미는 삶이나 죽음에 덧붙여지는 것이 아닙니다. 살아남기는 본원적인 것입니다. 삶은 살아남기입니다. 일상적인 의미에서 살아남기는 계속해서 살아가는 것을 의미하지만, 또한 죽음 이후를 사는 것을 의미하기도 합니다. […] 한편으로는 *überleben*, 죽음 이후를 살아가는 것이 있습니다. 어떤 책이 작가의 죽음 이후에도 살아남거나, 어떤 아이가 부모의 죽음 이후에도 살아남는 것처럼 말입니다. 다른 한편으로는, *fortleben*, *living on*, 계속해서 살아가는 것이 있습니다. 제 작업을 도왔던 모든 개념들, 특히 흔적이나 유령과 같은 개념들은 구조적이고 엄밀하게 본원적인 차원으로서의 "살아남기"에 결부되어 있습니다.[6]

살아남기survie는 영어로는 'survival'이라고 번역될 수 있습니다. 저는 'sur-vie'를 '삶을-넘어서는-삶'이라고도 새기는데요. 'vie'는 삶을 뜻하고 'sur'는 영어의 'over'에 해당하는 것으로 '너머'라고 번역될 수 있습니다.

인용문을 보시면, 한편에는 일상적인 의미의 살아남기가 있습니다. 이것은 그냥 죽지 않고 살아남는 것입니다. 무인도에 가서 생존하는 그런 것이죠. 계속해서 살아가는 것입니다. 단순히 생물학적인 목숨을 부지하는 차원이죠.

그런데 다른 한편에는, 그와 구별되는 살아남기의 차원, 즉 '삶을-넘어서는-삶'이 있습니다. 어떤 책이 작가의 죽음 이후에도 살아남는 것이죠. 제가 기록한 책은 제가 죽어서도 살아남습니다. 서명이 서명자를 넘어서, 기호가 기호를 발신한 이를 넘어서 살아남습니다. 이렇게 **특정한 삶을 넘어서, 죽음들을 넘어서, 죽음과 함께 엮이는 삶으로서의 살아남기가 있는 것**이죠. 이것은 역사적인 삶입니다.

데리다가 강조하는 것은 물론 후자입니다. 흥미로운 사례가 있는데요. 우리가 흔히 어떤 예술 작품을 보고 그 작가의 현전présence을 느낀다고 말합니다. 그 작가의 숨결이 생생하게 느껴진

---

6 Jacques Derrida, *Apprendre à vivre enfin*, Paris: Galilée, 2005, p. 26. 해당 저작을 인용 시 엄태연의 국역(https://blog.naver.com/limitedinc/221386299424)을 참조하였다.

데리다와 역사

다는 식이죠. 그런데 한 대담에서 데리다는 자신은 거기서 현전이 아니라 부재를 본다고, 반 고흐의 작품에서 "탈구된 반 고흐un Van Gogh disloqué"를 본다고 말합니다.[7] 오히려 반 고흐가 이 자리에 없다는 사실을 절감한다는 것이죠. 거꾸로 그 작품 자체는 반 고흐의 부재와 죽음을 증언하면서, 그것들을 넘어서 살아남은 흔적이고 기록입니다.

제가 커피를 지금 마시면서 이 커피를 마시는 행위를 기록하게 되면, 그 기록에서 이미 죽음의 냄새가 납니다. 왜냐하면 그 기록은 이 커피가 사라지고 제가 죽어도 여전히 살아남을 것이기 때문입니다.

저에게 아이가 있는데요. 아이의 삶을 생각하면 때때로 이미 서글플 때가 있습니다. 왜냐하면 그 아이는 부모인 저의 죽음 이후에도 살아남고 살아가야 할 것이기 때문입니다. 이것을 뒤집어 생각하면, 반 고흐가 죽고 반 고흐의 작품이 남은 것입니다.

역사를 쓴다는 것은 이런 서글픔을, 죽음의 경제를 헤치면서 나아가는 작업이라는 것이 데리다의 말입니다. 그러나 어쨌든 역사를 살아야 합니다. 기록을 하지 않고 살 수는 없습니다. 슬픔이 전적으로 배제된 경로는 존재하지 않습니다. 다시 말해서 이 죽음의 경제, 폭력의 경제는 지양 불가능합니다. 그렇기 때문에 에크리튀르

---

7   Jacques Derrida, *Penser à ne pas voir*, Paris: Éd. de la Différence, 2013, p. 27.

의 폭력은 원폭력, 즉 원초적이고 시원적인 폭력이죠.

데리다의 『글쓰기와 차이』L'écriture et la différence에는 레비나스라는 철학자를 비판하는 아주 긴 글이 수록되어 있습니다. 「폭력과 형이상학Violence et métaphysique」이라는 제목의 텍스트죠.

간략하게만 말씀드리면 레비나스는 타자와의 비폭력적 관계를 추구하는 사상가입니다. 아우슈비츠를 겪은 사상가이기에 그가 타자와의 비폭력적 관계로서의 형이상학을 구상한다는 사실이 전혀 이상하지 않습니다. 그런데 데리다는 본인도 유대인임에도 불구하고 그런 구상을 두고 아주 꼼꼼하게 비판합니다. 그 비판 논리의 요지는 순수하고 절대적인 비폭력이야말로 절멸이라는 것입니다. 데리다는 비폭력을 추구하지 않습니다. 다른 곳에서 데리다는 이렇게도 말합니다.

> 우선 저는 폭력이 나쁜 것인지 확신하지 못하겠습니다. 저는 폭력과 비폭력을 맞세우기보다는 다양한 종류의 폭력들을 맞세우기를 선호합니다.[8]

상황은 '중2병'을 언급하면서 말씀드렸던 것과 비슷합니다.

레비나스는 존재사이자 계사인 'être' 동사(영어로는 'be' 동사)에

8　『비밀의 취향』, 180쪽.

의한 술어화prédication, 즉 규정을 다 폭력이라고 생각합니다. 'S는 p다s est p'라고 말하는 것만으로도 폭력이 됩니다. 이것은 그 자체로는 틀린 말이 아닙니다. 규정은 폭력이죠. 규정은 액자화입니다. 독특한 무언가가 일반적인 것으로 분류되어 버리기도 하고, 다른 규정들이 배제되기도 합니다. 비폭력적이기 위해서 언어는 'être' 동사를 상실해야 하며, 종국에는 오로지 타자를 부르기 위한 고유명만이, 이를테면 "절대적 호격"만이 남게 됩니다. '레비나스! 데리다!' 이런 부름만이 남는 것이죠.

하지만 그런 언어를 언어라고 할 수 있을까요? 아무런 규정이 없는 언어, 아무런 폭력이 없는 단어는 오히려 불모不毛입니다. 모든 술어, 모든 규정을 포기하고 나면 남는 것은 무의미의 늪입니다. 그래서 데리다는 이렇게 씁니다.

> 순수한 비폭력은 […] 순수한 폭력이다. […] 최소한의 폭
> 력도 없이 생산되는 발화는 아무것도 규-정하지 않을 것
> 이고, 아무것도 의미하지 않을 것이며 타자에게 아무것도
> 주지 않을 것이다; 그것은 **역사**가 아닐 것이다.[9]

의미 자체를 포기할 것이 아니라면 선별해야 하고 규정해야 합

---

9 *L'écriture et la différence*, p. 218.

니다. 그것이 우리 유한성의 법칙입니다.

이것은 바꾸어 말하면 벌거벗은 생das blosse Leben을 그 자체로 긍정해서는 곤란하다는 이야기입니다. 폭력을 순수하게 배제하는 비폭력이 순수한 폭력으로 귀착되는 것과 마찬가지로 죽음을 순수하게 배제하는 생은 오히려 순수한 죽음으로 귀착됩니다. 생명을 단지 그것이 생명이라는 이유만으로 긍정하고 존중하려 들 때 우리는 그 무엇도 선택·선별·여과할 수 없게 되고 결과적으로 아예 아무것도 할 수 없게 되기 때문이죠. 「벤야민의 이름」에서 데리다는 벤야민의 논의로부터 생명은 그 자체로는 아무런 신성한 것이 아니라는 논점을 뽑아내는데, 이것 역시 맥락은 약간 다르지만 비슷한 취지로 읽을 수 있습니다.

> 벤야민은 생을 그 **자체로**pour elle-même 신성화하는 것,
> 자연적인 생, 살아 있다는 단순한 사실을 신성화하는 것에
> 강건하게 반대한다. [⋯] 벤야민은 현존Dasein[이라는 말]
> 이 살아 있다는 단순한 사실을 뜻한다면 정당하게 현존하
> 는 것보다 단순하게 현존하는 것이 더 중하다는 명제는 그
> 릇되고 상스러운 것이라고 판단한다.[10]

---

10   *Force de loi*, pp. 125-126[자크 데리다, 『법의 힘』, 진태원 옮김, 문학과지성사, 2004, 117쪽].

데리다와 역사

생을 그 자체로 신성화할 수 없다면 무엇보다도 생이 그 자체로 이미 복잡하기 때문일 것입니다.

한편에는 죽음이 있고 다른 한편에는 생이 있다는 식으로 생각해서는 안 된다고 이미 말씀드렸습니다. 그런 이항대립은 생을 불가피하게 하나의 층위로 환원한다는 점에서 근본적으로 오도적입니다. 더군다나 그럴 때 생은 대체로 생물학적인 층위로 환원됩니다. 피를 흘리고 숨이 끊어져서 죽는 것을 피하고 목숨을 부지하는 일이 되죠.

그러나 죽음이 이미 이중적이라면, 그런 만큼 생 역시 이중적이어야 합니다. 철학적인 반성의 운동 속에서 사유가 사유 너머의 사유, 사유에 맞서는 사유로 배가dédoubler됨으로써 다른 차원을 확보해야 하듯, 생은 "생 너머의 생, 생과 맞서는 생"[11]으로 배가됨으로써 다른 차원을 확보해야 합니다. 그래서 자기 자신의 너머에서 자기 자신과 맞서는 생이야말로 '생을 위한 생la vie pour la vie'이라는 기묘한 역설이 있게 됩니다.

결론적으로 죽음의 경제, 폭력의 경제에서 벗어날 수 없는 유한자인 **우리는 폭력에 맞서서 폭력적으로 굴어야 합니다.** 순수 비폭력이 아니라 더 적은 폭력을, 다른 형태의 폭력을 지향해야 한다는 것이죠.

---

11 *Ibid.*, p. 126[국역본, 118쪽].

> 담화는 순수한 무無나 무의미에 맞서 폭력적으로 군다. 철
> 학의 안에서라면, 허무주의에 맞서 폭력적으로 구는 것이
> 다.[12]
> 우리는 결코 **전쟁의 경제**를 벗어날 수 없다.[13]

허무주의란 물론 의미의 상실, 의미의 부재를 동력으로 삼는 언설입니다. 모든 것에 의미가 없다고 생각하면 우리는 허무주의에 빠지죠. 유의해야 합니다. 데리다가 규정들이 폭력적이라는 사실 자체를 부인하는 것이 아닙니다. 규정은 폭력적입니다. 하지만 그 것을 빌미로 규정들을 다 내쳐서는 안 된다는 것이죠. 데리다의 입장에서 보면 문제는 오히려 규정의 과도함이 아니라 과소함입니다. 규정이 많은 것이 아니라 적은 것이 문제입니다. 규정이란 어떤 것이죠? 반복 가능한 개념들로 포섭하는 것입니다. '철수는 인간이다.' 철수라는 독특한 한 개체를 반복 가능한 분류 체계 안에 기입해 넣는 폭력이겠죠. 하지만 그렇게 하지 않고 '철수는 철수'만 반복하고 있으면, 아무런 새로운 의미가 산출되지 않습니다.

따라서 데리다에게 다소간의 폭력은 사실상 어쩔 수 없이 감수되고 있는 것이 아니라 권리상 용인되어야만 하는 것입니다. 마찬가지의 논리로 비폭력은 권리상 배척되어야만 하는 것이죠. 그것

---

12 *L'écriture et la différence*, p. 191.
13 *Ibid.*, p. 220.

데리다와 역사

은 하나의 이념으로서라도 욕망되어서는 안 됩니다. 즉 폭력을 감쇄해 나가는 과정 전체를 규제하고 인도하는 궁극의 이상향은 설정될 수 없습니다. 삶의 과정을 끝나지 않는 타협의 과정으로 만드는 것은 폭력의 이와 같은 필연성입니다. 삶은 "죽음의 경제"[14] 안에 머물러야 하며 폭력에 관한 담화 전체는 "폭력의 경제"[15] 안에 머물러야 합니다. 죽음이나 폭력은 단적으로 지양될 수 있는 무언가가 아니며, 이것이 우리의 근원적 유한성을 규정합니다. 데리다가 철학자는 전쟁의 내부에서 말하고 써야 한다고 주장한다면 이런 궤에서입니다. 이 모든 전쟁을 단순하게 피하려 들 때 우리는 오히려 순수한 무, 무의미, 허무주의라는 최악의 폭력으로 치닫기 때문이죠.

역사적 인식?

이제 그럼 데리다가 역사적인 인식이라는 것을 어떻게 생각하는지 물어야 합니다. 이념적인 진리나 물질적인 진리 같은 것은 쉽게 와닿잖아요? 역사적인 진리라는 것의 고유성이 있어야 하겠죠?

14 *Ibid.*, p. 295.
15 *Ibid.*, p. 172.

제가 생각하기에 데리다적인 인식의 고유성이 표현되는 정식은 "단위 없는 일회성unicité sans unité"[16]입니다. 『타자의 단일언어Le monolinguisme de l'autre』에 나오는데요. 일회성 대신 독특성이라고 번역할 수도 있을 텐데, 여하간 이것을 쉽게 새기면 **'한 개가 아닌 한 번'**이라고 할 수 있을 것 같습니다. 관건은 무언가를 헤아릴 때 역사성의 관점을 도입하는 데 있습니다.

진리의 전통적인 기준 중 하나는 명석판명이죠. 명석clair하고 판명distinct한 인식이 진리입니다. 말 그대로 무언가가 그 자체는 뚜렷하고 분명clair하게 또 다른 것들과 구별되어 판별적distinct으로 인식된다는 것이죠. 물론 진리의 기준에 관한 논의 지평이 아주 넓습니다만, 우선 저에게 익숙한 철학사적 문법 안에서 말씀드리자면, 이것이 진리의 기준으로 크게 부족함이 없어 보입니다.

그런데 아까도 말씀드렸지만 저에게 아이가 있는데 계속 성장 중이라 어제 다르고 오늘 다릅니다. 그러면 어제의 아이와 오늘의 아이는 같은 아이냐, 아니면 두 명의 아이냐. 물론 두 명의 아이가 아니겠지만, 철학자들은 이런 어린아이 같은 문제에 무척 진지하게 착수하는 사람들입니다.

그래서 '테세우스의 배'라는 철학사적으로 유명한 사례가 있게 됩니다. 거기서 제기되는 물음은 이런 것입니다. 배가 바다를 항해

---

16   Jacques Derrida, *Le monolinguisme de l'autre*, Paris: Galilée, 1996, p. 127.

데리다와 역사

하는 동안 이 부품 바꾸고 저 부품 바꾸고 다 바꿨더니 도착 시점에는 출발 시점과는 완전히 다른 부품들로 만들어지게 되었는데, 그렇다면 출발 시점의 배와 도착 시점의 배는 같은 배인가? 처음 출발한 배와 끝에 도착한 배가 부품의 수준에서는 같지 않습니다. 그래도 여전히 같은 배일까요? 그럴 것입니다.

그런데 이런 동일성은 명석판명 같은 기준으로는 판단하기 쉽지 않습니다. 이 배의 동일성은 그 항해의 역사를 인식하는 한에서만 확정될 수 있습니다. 그것은 산술적인 것이 아니고 역사적인 것입니다.

맥락은 약간 다르지만 라이프니츠의 파도 사례를 원용하자면, 우리가 '한 개'의 파도를 명석판명하게 잘라낼 수 있을까요? 여기까지가 '한 개'의 파도이고, 여기서부터는 다른 파도이고, 이 물방울까지는 이 파도에 속하고 저 물방울부터는 저 파도에 속하고, 이런 식으로 구별할 수가 없습니다. 그럼에도 '한 번'의 파도가 친다는 사실은 너무나 분명합니다. 파도가 한 번 치고 지나갑니다. 그리고 그 한 번의 파도는 거기에 물방울을 조금 더한다고 해서 더 파도가 되는 것도 아니고 그로부터 물방울을 조금 덜어 낸다고 해서 덜 파도가 되는 것도 아닙니다.

"단위 없는 일회성", 즉 한 개가 아닌 한 번입니다. 프랑스혁명이라는 사건, '한 번'의 프랑스혁명이 있습니다. 이것은 명확합니다. 그런데 이 사건을 어디까지 정확하게, 판별적으로 다른 것들과 구별되게 잘라낼 수 있을까요? '한 개'의 프랑스혁명을 확정할 수 있을까요? 그것이 1789년에 시작되었다는 데에 동의한다고 해도, 언제 종결되었는지 이견이 있습니다. 공화파 역사가들은 1799년에 끝났다고 보고, 나폴레옹파 역사가들은 1815년에 끝났다고 보죠. 역사적인 동일성은 이렇게 단위라는 관념을 불식시키고 산술적 동일성을 와해시킵니다.

인간의 동일성 역시 이런 차원에서 이해될 수 있습니다. 어떤 인간의 동일성을 확보해 주는 것은 기억입니다. 바꾸어 말하면 역사입니다. 기억이란 작은 형태의 역사죠. 인간이라는 것을 규정할 때에도, 어디까지가 인간의 필수 요소냐고 물을 수 있습니다. 머리만 있으면, 몸통까지 있으면, 사지가 다 갖춰져 있으면 등등 이야기할 수 있죠. 그렇다면 손을 하나 잃은 인간은 덜 인간일까요? 단위의 관점에서 보면 이런 물음들을 피할 수가 없습니다. 그런데 인간을 한 번의 생, 그 생의 일회성 내지 유일성에서 출발해서 사고한다면 우리는 그런 문제에 부딪히지 않습니다.

한 명의 인간이 있다기보다는 독특한 한 번의 생이 있습니다. 산술적인 동일성, 물질적이거나 이념적인 동일성 위에 정초된 존재론으로는 이런 역사적인 사태를 감당할 수 없어요. 그래서 역사를, 사건을, 역사적인 사건을 사유하기 위해서는 거기에 준하는 수준의 다른 사고방식이 필요한 것입니다.

사례의 이중구속

푸코와 데리다 사이에 데카르트의 『성찰』을 놓고 논쟁이 있는데, 이 논쟁에 대해 간략하게 말씀드리는 것으로 결론을 갈음하고자 합니다.

푸코가 『광기의 역사Histoire de la folie à l'âge classique』를 쓰고 나서 데리다가 거기서 『성찰』이 독해되는 방식에 의문을 제기합니다. 그 것이 『글쓰기와 차이』에 「코기토와 광기의 역사Cogito et histoire de la folie」라는 텍스트로 실려 있습니다.

이것을 두고 푸코가 처음에는 그런가 보다 했다가 곱씹으면 곱 씹을수록 기분이 좋지 않았는지 나중에는 극렬하게 반응합니다. 이 극렬하게 반응한 역사가 이렇게 표현됩니다. 여기 인용해 놓은 것은 모두 푸코 자신의 말인데, 푸코는 "데리다에게 17세기에 일어 난 일은 '표본'(즉 동일자의 반복) 혹은 '범형'(즉 기원의 소진되지 않는 과 잉)에 불과"하며 그의 철학은 "그 자체는 가일층 근원적인 기원"의 "반복에 불과"하다고, "그는 독특한 사건이라는 범주를 전혀 모른 다"고 힐난합니다.[17]

푸코의 비판의 요는 간단히 말해서 데리다가 역사를 모른다는 것입니다. 푸코에 따르면 데리다는 "텍스트의 바깥에는 아무것도

---

17 Michel Foucault, *Dits et écrits*, t. II, Paris: Gallimard, 2001, p. 1163.

없다"는 교설을 통해 "끝 모를 주권"을 향유하려 드는 철학자입니다. 텍스트 바깥의 실제의 사건을 보지 못하고 텍스트로 모든 것을 해명하려 든다는 이야기겠죠. 이렇게 보면 푸코는 제가 앞서 데리다에 대한 흔한 오해라고 불렀던 것을 공유하고 있습니다.

제가 여태까지 말씀드린 대로라면 사정은 정반대입니다. 데리다는 역사란 무엇인지 진지하게 생각하고 그것을 철학의 내부에 전격적으로 도입하기 위해서 노력한 철학자입니다. 데리다는 독특한 사건이라는 범주 자체를 다르게 사고하려고 노력했습니다. 이 노력이 어떻게 표현될 수 있는지 제가 전달하려고 했죠.

목차에 보시면 제가 "사례의 이중구속"이라고 해놓았는데, 데리다가 푸코를 비판하면서 던지는 물음은 다음과 같습니다. 『성찰』은 정말로 범례인가? 그것이 사례가 된다면 어떤 의미에서인가?' 푸코는 『성찰』을 마치 범례인 양 해석했는데, 데리다에게 정말로 괴로운 것은 그것이 범례적인지 아닌지 결정할 수 없다는 사실 자체, 어떤 사례가 한갓 표본인지 아니면 대표적 범형인지 확정할 수 없다는 결정 불가능성 자체입니다.

사실 데리다는 9·11이라는 거대한 사건, "대사건major event"을 놓고도 그것이 과연 정말로 대사건이냐고 묻는 사람입니다.[18] 9·11이 정말로 예기치 못할 사건이었느냐, 역사적인 흐름 속에

---

18   지오반나 보라도리 외, 『테러 시대의 철학』, 손철성, 김은주, 김준성 옮김, 문학과지성사, 2004, 167-169쪽.

데리다와 역사

서 충분히 예견 가능하지 않았느냐고 되묻는 것이죠. 이렇게 볼 때 9·11은 그냥 역사적 흐름 속에서의 당연한 귀결에 불과하게 됩니다.

그렇다고 데리다가 9·11이 전혀 사건이 아니라고 말하는 것은 아닙니다. 최소한 통상적인 의미에서는 아니라는 것이죠. 데리다는 만약 9·11이 사건다운 사건일 수 있다면, 역사 안에서 사후적으로 소화되는 과정 속에서만 그럴 수 있다고 이야기하려는 것입니다.

데리다가 보기에는 **처음부터 원본적으로 사건으로서 주어지는 사태는 존재하지 않습니다.** 어떤 사태는 사건으로서, 무언가를 죽이고 누락하면서 역사로서 액자화되고 생산되어야 합니다. 유의미하게 되새길 만한 무언가로서, 사건적인 무언가로서 생산되어야 한다는 것이죠.

푸코가 제시하는 것처럼 『성찰』이 17세기에 벌어진 어떤 일을, 주체의 인식론적인 전환이나 로고스에 의한 광기의 배제를 집약하고 있을 수 있습니다. 그러나 그것만으로는 부족합니다. 거기 있는 무언가가 우리를 추동해야 합니다. 우리가 그 의미를 모색하게끔 추동되어야 합니다. 우리가 자꾸만 『성찰』을 인용하고 반복해야 합니다. 그럼으로써 『성찰』은 비로소 사건이 됩니다. 어떤 사건이 사건인지 아닌지는 사건의 시점에서 즉시 결정될 수가 없습니다.

역사를 역사로 만드는 것은, 역사적으로 벌어진 어떤 사태를 기준으로 장래의 편에 내맡겨집니다. 『성찰』이 "여느 신호 중 하나인지, 정초적인 징후인지, 원인인지"[19] 즉시 결정할 수가 없습니다. 바꾸어 말하면, 그것이 시대적 상황에서 비롯된 귀결인지, 특정한 계열들을 미리 예시하는 정초적인 징후인지, 다른 귀결들을 거느리는 원인인지 즉시 확정할 수가 없다는 것입니다.

그리고 그런 결정 불가능성이 우리로 하여금 무언가를 사건으로서 생산할 수 있게끔 허락합니다. 더 말하고 더 논할 가치가 있게 되는 것이죠. 이것이 사례의 이중구속입니다. 푸코는 데리다가 독특한 사건이라는 범주를 모르고 오로지 표본이나 범형밖에 알지 못한다고 비판했지만, 데리다에게는 어떤 역사적 사례가 여느 사례들 중 가운데 하나인 일례인지 아니면 다른 사례들에 대해 모범적인 지위를 차지하는 범례인지 딱 잘라 선언할 수 없다는 이중구속이야말로 역사적 서술에 운신의 폭을 제공하는 것이죠.

적절한 예가 될는지 모르겠는데 라뒤리Emmanuel Le Roy Ladurie의 『몽타이유Montaillou, village occitan de 1294 à 1324』라는 저작이 있습니다. 몽타이유라는 마을의 기록들을 뒤져 당시의 일상적인 삶을 복원한 장대한 저작인데요. 일상적인 삶이라는 말 그대로 그것은 가만히 놔두면 아무것도 아니었을 것입니다. 그냥 그런 삶을 산 사람들이 있었고, 그 일상이 기록 보관소에 파묻혀 있었고 그렇게 잊

---

19 *L'écriture et la différence*, p. 69.

　　　　　　　　　　　　　　　　데리다와 역사

혀져 있었을 텐데, 그것을 역사적 사건으로서 되살린 것입니다. 이 일상적인 삶은 그저 표본이었을지도 모릅니다. 그냥 일회적인 일이었죠. 한 번 벌어지고 그냥 그렇게 아무렇지 않게 지나가는 일이었습니다. 그런데 그것은 라뒤리의 액자화에 의해 일종의 범례처럼 되었고, 되새기고 반복할 만한 가치가 있는 삶이 되었습니다.

실제적인 역사를 무시하고 텍스트적인 유희에 집착했다는 인상, 이것이 데리다에 대한 흔한 인상이죠. "텍스트-바깥은 없다"에 대한 흔한 오해입니다. 푸코는 이런 오해를 공유하고 있었지만, 실은 이 명제야말로 푸코가 말한 것과 아주 가까운 진리를 말하는 것이 아닐까요? 역사를 쓴다는 것은 텍스트를 직조하는 것과 다르지 않고, 이 텍스트, 이 역사를 다스리는 초월적인 심급 같은 것은 존재하지 않는다는 뜻이니까요. 아주 범박하게 말해서 푸코는 역사를 보면 당연한 것이란 없음을 보여주려던 사상가 아닙니까? 당연한 게 없다는 것은 언제 어디서나 타당한 초월적인 진리 같은 것은 없다는 이야기가 됩니다. 그래서 푸코의 데리다에 대한 비판은 조금씩 엇나갈 수밖에 없었다고 저는 생각합니다. 둘은 다른 어휘로 같은 것을 말하고 있었으니까요.

사건 개념과 반복 개념의 연결에 대해서 부연하면서 이번 강의를 마치겠습니다.

우리는 흔히 의미가 먼저 있어서 그것을 반복한다고 생각합니다. 이념적으로는 그렇습니다. 어떤 이념, 관념, 의미가 먼저 있어서 그것을 비로소 기록하고 구현한다는 그런 사고방식이죠.

하지만 둘 사이의 관계가 뒤집힐 수 있습니다. 트라우마가 그런 경우입니다. 트라우마란 어떤 사태가 이미 도착해 있는데, 그 의미가 이해되지 않기 때문에, 그 의미가 총괄적으로 소화되지 않기 때문에, 반복하게 되는 체험입니다.

'죽음충동'이라는 개념이 있는데요. 프로이트가 불쾌한 경험을 자꾸만 반복하는 손자를 보고 사변적으로 구상한 것입니다. 불쾌한 경험을 왜 반복할까요? 불쾌한 일이잖아요? '죽고 싶은 충동'이 있는 것일까요?

현대적으로 번역하면 이야기는 이렇습니다. 엄마가 매일 출근하는 어린아이가 있습니다. 아이에게 엄마와의 헤어짐은 무척 힘든 일, 소화가 되지 않는 일입니다. 그래서 아이는 이 헤어짐을 인형과의 관계 속에서 반복합니다. 인형과 헤어지는 흉내를 내면서 고통스러운 일을 반복하는 것입니다. 일은 이미 벌어졌습니다. 엄마는 매일 떠납니다. 아이에게는 이해가 되지 않는 충격적인 일입니다. 그런데 바로 그렇게 의미가 도착하지 않은 자극이기 때문에 계속 반복하게 되고 곱씹게 됩니다.

여기에는 기호, 글쓰기 개념이 가르쳐 준 진리가 있습니다. 불가해한 충격을 어떤 식으로든 반복함으로써, 반복의 체계 안에 기입해 넣음으로써, 비로소 의미의 장 안으로 넣게 된다는 것이죠. **의미가 있어서 반복할 수 있게 되는 것이 아니라 반복 속에서 비로**

소 의미가 모색되는 역전이 있습니다. 텍스트의 바깥에 의미가 따로 있어서 텍스트에 의해 재현·모사·반복되는 것이 아닙니다. 텍스트가 의미의 유일한 거처입니다.

데리다는 이런 역전을 두고 소쉬르의 표현을 받아서 '찬탈'이라는 용어를 사용합니다. 때로는 기록, 글쓰기, 에크리튀르가 더 원본적입니다. 데리다는 어떤 원본적인 심급이 있었던 것으로 가정되는 그 자리에 그것이 아니었던 다른 무언가를 삽입할 때 '원'이라는 접두사를 붙이는데, 에크리튀르는 그런 면에서 원에크리튀르archi-écriture이며, 그것의 폭력은 원폭력archi-violence이 되는 것입니다.

"텍스트-바깥은 없다"
혹은 역사-바깥은 없다

그라마톨로지에 대한 언어학적 오해
그라마톨로지에 대한 그라마톨로지적 해석
"사물 자체가 하나의 기호다"

안녕하십니까. 오늘은 마침내 "텍스트-바깥
은 없다"라는 악명 높은 명제를 이해할 것입니다. 이번 강의의 목
표는 다음의 구절을 이해하는 것입니다.

기호들의 유희 및 생성의 아래에 뻗어서 그것을 정초하는
비기호적 토양[…]은 없다. [⋯] **텍스트-바깥은 없다.**[1]

---

1   *De la grammatologie*, pp. 70-227.

목차는 아주 간단합니다.

그라마톨로지에 대한 언어학적 오해

그라마톨로지에 대한 그라마톨로지적 해석

"사물 자체가 하나의 기호다"

이번 강의는 일종의 클라이맥스라고도 할 수 있습니다. 저의 강의 전체의 목표가 "텍스트-바깥은 없다"를 오해로부터 구해내는 것, 다르게 이해하는 것이었으니까요. 그래서 앞선 두 번의 강연보다 조금 더 빡빡할 것 같습니다. 그리고 조금 더 사변적인 이야기가 될 것입니다. 데리다가 저 말로 겨냥하는 것이 무엇인지, 어떤 사태인지 이해하는 데 그치지 않고 그 예상되는 귀결까지 살펴볼 거라는 뜻입니다.

그렇다고 꼭 더 어렵다는 것은 아닙니다. 더 재미있을 수도 있습니다. 사실 진짜 어려운 내용은 앞서의 강연에서 다 짚고 넘어왔다고 생각합니다. 이제 그것을 기초로 "텍스트-바깥은 없다"를 성공적으로 읽는 것이 중요합니다.

데리다와 역사

그라마톨로지에 대한 언어학적 오해

2002년의 한 인터뷰에서 맥케나Kristine McKenna가 데리다에게 그에 대해 가장 널리 퍼진 오해가 무엇이냐고 묻자 데리다는 다음과 같이 답합니다.

> 제가 아무것도 믿지 않는, 모든 것이 무의미하며 텍스트에도 아무런 의미가 없다고 생각하는 회의적 허무주의자라는 오해입니다. 멍청한 소리이고 몽땅 틀린 소리입니다. 저를 읽지 않은 사람들만이 그렇게 말하죠. [⋯] **저는 모든 것이 언어적이라고, 우리가 언어 안에 유폐되어 있다고 이야기한 적이 없습니다.** 실상은 정반대를 이야기했습니다. 로고스중심주의의 해체는 바로 모든 것을 언어로 [간주하는] 그런 철학을 뒤흔들기 위해서 고안된 것이죠.[2]

또한 모스크바에서 젊은 연구자들을 만난 자리에서도 이렇게 말합니다.

> 제가 "텍스트의 바깥에는 아무것도 없다"라고 썼을 무렵,

---

2   "The Three Ages of Jacques Derrida," 2002, *LA Weekly*, https://www.laweekly.com/the-three-ages-of-jacques-derrida/. 인용자 강조.

제가 "텍스트"라고 이름 붙인 것을 언어라고 부르려 했던 이들은 이를 "언어의 바깥에는 아무것도 없다"라고 번역했지요. 그렇게 번역하고 싶어 했습니다. 그러나 […] 정확히 그 반대입니다. 해체는 로고스중심주의를 […] 해체하면서 출발했습니다. 해체는 당대, 그러니까 60년대에 막 강했던 언어학이라는 모델의 후견인 노릇으로부터 경험을 구출하여 해방시키려는 시도였습니다. […] 텍스트는 언어로 환원되는 것이 아닙니다. 엄격한 의미의 발화행위로 환원되지 않죠. […] **제게는 어떤 언어의 바깥이 있습니다. 모든 것은 거기서 시작하죠.**[3]

간단하게 정리하면 "텍스트−바깥은 없다"는 "언어−바깥은 없다"로 읽혔고 이로 인해 데리다는 회의적 허무주의자로 간주된 것입니다. 예컨대 베버Mark Bevir 같은 역사학자는 데리다의 사유 전체가 언어로부터 탈출할 수 없다는 이야기라고, 데리다는 상대주의적이고 회의주의적인 '포스트모더니스트'라고 주장합니다. 베버의 주장에 대해서는 조금 이따가 다시 말씀드리겠습니다.

그런데 우리가 앞선 두 차례의 강의에서 본 것처럼 우선 데리다에게 담화란 무의미라는 압도적인 폭력에 맞서서 의미를 확보하기

---

3 *Moscou aller-retour*, pp. 108-110. 인용자 강조.

데리다와 역사

위해 폭력적으로 구는 것이었습니다. 그리고 마찬가지로 철학이란 허무주의라는 압도적인 폭력에 맞서서 의미를 확보하기 위해 폭력적으로 구는 것이었습니다. 다시 한 번 인용하자면,

> 담화는 무에 맞서서, 혹은 순수 무의미에 맞서서, 폭력적으로 굴고, 철학의 안에서라면 허무주의에 맞서서 그렇게 한다.[4]

그러니까 데리다가 모든 것을 언어적인 해석의 문제로 끌고 갔다는 주장, 나아가 모든 것을 무의미에 빠뜨리려고 했다는 주장은 데리다가 보기에는 도무지 말이 안 되는 것입니다. 데리다는 의미를 확보하기 위해 노력했고 의미 고유의 장소가 어디인지 식별하려고 노력했습니다.

이 장소가 어디인지 이제 우리는 알고 있습니다. 그것은 기호, 문자, 기록, 에크리튀르죠. 여러 번 말씀드린 것처럼 **기호는 이념이 적재된 물질입니다.** 의미는 이념의 편에도 물질의 편에도 단적으로 귀속되지 않습니다. 의미는 기호화의 운동을 통해서, 이념과 물질의 사이에서 확보되는 것이죠. 그리고 기호나 에크리튀르가 언어가 아닌 만큼, 그라마톨로지는 일개 언어학이 아닙니다. 『그라마톨

---

4   *L'écriture et la différence*, p. 191.

로지』의 서두에서 데리다는 정확하게 말합니다.

에크리튀르라는 개념은 언어 개념을 초과하고 포괄한다.[5]

그러니까 사정은 정확히 그 반대입니다.

데리다가 목록을 쭉 나열하는데요. 데리다가 정작 문제시하는 것은 "행동, 운동, 사고, 반성, 의식, 무의식, 경험"[6] 등 모든 것이 '언어'라는 개념으로 해명되는 상황 자체입니다. 데리다는 이런 상황을 "'언어'라는 기호의 인플레이션"[7]이라고 명명합니다. 인플레이션이라고 해서 좀 어렵게 느껴지는데, 언어라는 개념, 언어라는 기호가 아무 데서나 아무렇게나 유통된다는 이야기입니다. 그리고 바로 그 때문에 언어의 학이 아닌, '에크리튀르의 학'인 그라마톨로지가 요청되는 것이죠.

'grammatologie'가 '문자학'이나 '일반 문자학'으로 번역될 수 있다고 말씀드렸었습니다. 제가 그렇게 번역하지 않고 음차하는 이유를 다시 말씀드리겠습니다. 첫째로 그라마톨로지는 단순히 문자에 관한 학이 아닙니다. 그것은 무엇보다도 "기호의 자의성에 관한 학"이고 "흔적의 비동기성에 관한 학"입니다. 둘째로 데리다가

---

5 *De la grammatologie*, p. 18.
6 *Ibid.*, p. 19.
7 *Ibid.*, p. 15.

데리다와 역사

소쉬르의 문장을 가져와서 그라마톨로지에 적용할 때, 그라마톨로지는 기존의 학제와 다소 무관한 것임이 드러납니다.

> 우리는 이를 [그라마톨로지라고] 명명할 것이다…. 그것
> 은 아직 존재하지 않기 때문에, 그게 어떤 것이 되는지는
> 말할 수 없다. 하지만 그것은 존재할 권리가 있다. 그것을
> 위한 자리가 미리 규정된다.[8]

저는 지금 '문자학'이나 '일반 문자학'이라는 역어가 틀렸다고 주장하는 것이 아닙니다. 우리한테 주어진 선택지는 사실 두 가지입니다.

한편으로 저처럼 음차하게 되면 다소간의 신비화를 감수해야 합니다. 기본적으로 '그라마톨로지'라는 말 자체가 낯설고 우리말 안에서 아무런 의미가를 지니지 않기 때문입니다. 다른 한편으로 기존에 전승된 이름, 즉 고명paléonyme을 존중하면서 '문자학'이라고 번역할 수 있습니다. 이렇게 하면 의미의 적극적 누락을 감수해야 합니다. 기호의 자의성 같은 어감이 붙들리지 않습니다.

다시 그라마톨로지를 언어학으로 환원하는 독해, "텍스트-바깥은 없다"를 "언어-바깥은 없다"로 환원하는 독해라는 문제로 돌아

---

8 *Ibid.*, p. 74. 대괄호 삽입은 데리다 자신의 것.

오겠습니다. 제가 앞서 베버라는 역사학자를 거명했는데요. '역사학자'인 베버가 데리다의 '철학적' 텍스트를 잘 읽지 못했다고 무시하기 위해서 그런 것이 아닙니다.

이미 첫 번째 강연에서도 말씀드린 것처럼 데리다와 일군의 역사학자 사이에 어떤 오해와 논쟁이 있습니다. 데리다가 실제의 삶, 실제의 인물, 실제의 역사를 간과한다는 끈질긴 오해가 있습니다. 모든 것이 글들 안에 있다는 듯 굴면서 실제의 것들을 참조하지 않고 자의적으로 글들을 해석하는 짓을 방조했다는 것이죠. 역사학적 작업에 매진한 푸코도 데리다를 이런 견지에서 비판했었다는 사실을 두 번째 강의에서 말씀드린 바 있습니다. 그러니까 **그라마톨로지에 대한 언어학적인 오해는 역사학자의 것일 때 더욱 의미심장합니다.**

베버는 자신의 오해를 뒷받침하기 위해서 데리다가 차연의 운동을 묘사하는 단락을 인용합니다.

> 데리다 같은 탈근대적 회의주의자들은 어떤 저작에 대해 올바른 이해란 있을 수 없다고 주장한다. 모든 의미가 불안정하기에 우리에게 어떤 주장이 올바르다고 판단하기 위한 제대로 된 원천이 없다는 근거로 말이다. 탈근대적 회의주의자들에 따르면 모든 의미는 불안정하다. 왜냐하면 의미작용은 "'현재적'인 각 요소가 자기 외의 다른 것

과 관계 맺는 것"을 전제하고 "그래서 과거 요소가 남기는 흔적을 자기 안에 간직하고 있어야 하며, 미래 요소와 맺는 관계의 흔적이 내는 홈으로 이미 패여 있어야 함"을 전제하기 때문이다. 그러나 탈근대적 회의주의자들의 수사는 올바르고 약한 주장에서 그릇되고 강한 주장으로 조용히 넘어간다. 약한 주장이란 텍스트가 고정된 의미를 갖지 않기에 우리가 그걸 상이하게 이해할 수 있다는 것이다. 여기에 동의하지 않을 사람은 별로 없을 것이다. 우리에게 저자의 의도보다도 우리의 소망에 따라 글을 이해할 자유가 있다는 것이다. [⋯] 강한 주장이란 우리가 어떤 텍스트에 대해 과거에 취해진 시각을 식별하기를 바랄 수 없기에 관념사 자체가 불가능하다는 것이다.[9]

길게 가져왔는데 바로 설명해 드리겠습니다.

베버가 인용하는 단락은 『철학의 여백들Marges de la philosophie』에 나오는 구절인데요. 베버는 여기서 데리다가 말하는 의미의 정초적 개방성을 해석의 사후적 자의성으로 환원합니다. 베버에 따르면 데리다 같은 "포스트모던 회의주의자"들은 두 개의 주장을 합니다. 하나는 텍스트에 대한 몰역사적 접근이 가능하다는 약하고 옳은

---

9 Mark Bevir, *The Logic of the History of Ideas*, Cambridge: Cambridge University Press, 1999, p. 117.

주장이고 다른 하나는 관념들의 역사는 불가능하다는 강하고 틀린 주장입니다. 그리고 베버는 데리다를 포함해서 "포스트모던 회의주의자"들이 약한 주장에서 출발해 은밀히 강한 주장으로 미끄러진다고 결론 내립니다.

그런데 우선 우리가 어떤 텍스트를 베버가 말하는 것처럼 "우리의 소망에 따라" 이해할 수 있다는 사실, 나쁘게 말하면 우리 마음대로 읽을 수 있다는 사실은, 단순히 우유적偶有的이고 비본질적인 사태일 수 없습니다. 우유적이라는 것은 철학 용어인데요. 영어로는 'accidental'입니다. 필연적이지 않고 우연적이다, 꼭 그럴 필요는 없는 부수적인 것이다 이런 뜻입니다. 그런데 자의적 독해를 우유적이고 우연적이고 부수적이고 비필연적인 사태로 간주하면서 단순하게 배제하고 제거할 수는 없습니다. 그것은 단순한 사고 accident가 아닙니다. 왜냐하면 우리는 언제든 그렇게 할 수 있기 때문입니다.

우리는 어떤 글을 자의적으로 읽을 수 있고, 그것도 수시로 그렇게 합니다. 여기 계신 분들 중 많은 분들이 자기가 한 말이나 쓴 글이 뜻대로 이해되지 않아서 괴로워하신 경험이 있을 겁니다. 자의적으로 듣고 자의적으로 읽고서 아무 말이나 하는 사람들이 정말 많습니다. 사람들은 자의적으로 듣고 자의적으로 읽고 자의적으로 잘라내고 자의적으로 인용합니다. 말을 하고 글을 쓰는 입장에서는 물론 이런 상황을 방지하기 위해서 노력하죠. 문제는 이것

데리다와 역사

을 원천적으로는 차단할 수가 없다는 데에 있습니다. 그러니까 **자의성은 차라리 항구적인 가능성이고 초월적인 가능성**입니다.

저는 지금 강한 주장도 옳을 수 있다거나 데리다가 강한 주장은 하지 않고 약한 주장만 한다고 말하는 것이 아닙니다. 제가 말하고 싶은 것은 데리다의 사유가 베버가 말하는 두 주장 중 어느 쪽으로도 포섭되지 않는다는 사실입니다.

첫째로, 베버가 말하는 "우리의 소망에 따라 글을 이해할 자유"란 바꾸어 말하면 재단·절취·인용의 자유일 것입니다. 그런데 이런 자유가 아니라면 역사 전체는 차라리 동일자의 반복으로 전락할 것입니다. 언제나 같은 것이 계속 반복되겠죠. 자의적으로 잘라내고 반복할 수 있어야 합니다. **바로 그런 자의적 재단과 반복이 역사를 역사로서 개방합니다.**

둘째로, 더 중요하게는, 데리다는 관념사가 불가능하다고는 전혀 말하지 않습니다. 제가 첫 번째 강의에서 『《기하학의 기원》의 서설』이 어떤 장소에 설치되어 있는지 말씀드렸습니다. 기하학적 이념이란 순정한 이념입니다. 데리다는 그런 이념의 기원, 즉 역사에 관한 저작을 번역하고 거기에 서설을 붙인 것이죠. 정확히 반대로입니다. 『서설』에서 데리다는 관념사Histoire des idées의 가능 조건이 무엇인지 묻고 있습니다. 그것도 기하학적 관념처럼 순정한 관념을 두고 그런 물음을 던지고 있죠.

데리다가 『서설』로 카바예스 상을 받았다는 사실이 이런 맥락에서 '역사적으로' 흥미롭습니다. 카바예스 상은 인식론적인 연구에 수상되는 상인데요. 프랑스의 인식론은 정확히 진리와 시간, 바꾸어 말하면 이념idée과 역사의 관계를 다루는 분과입니다. 데리다는 관념사가 불가능하다고 주장하기는커녕 바로 그런 관념사가 무엇을 통해서 존립할 수 있는지 묻고자 했습니다. 무엇을 통해서인지는 잘 알려져 있습니다. 문자, 기록, 에크리튀르를 통해서죠.

데리다를 부르는 명칭 중에 탈근대주의자postmoderniste 못지않게 강력한 게 있습니다. 후기 구조주의자poststructuraliste죠. 이런 분류는 데리다의 입장을 이해하는 데 도움이 됩니다. 물론 데리다는 구조주의의 언어학적 아버지인 소쉬르와 구조주의의 인류학적 아들인 레비스트로스를 비판했습니다. 그들의 구체적인 주장들에 이의를 제기했죠. 이 이중의 비판이 『그라마톨로지』에서 상당한 분량을 차지합니다. 그런 의미에서도 데리다는 이미 후기 구조주의자입니다. 하지만 데리다가 구조주의와 결별하는 것은 그보다 깊은 어떤 모티프의 수준에서입니다.

> 저는 구조주의가 중성화하려는 "힘"이라는 모티프를 억척스레 고집했습니다.[10]

---

10 Jacques Derrida, Élisabeth Roudinesco, *De quoi demain...*, Paris: Galilée, 2001, p. 20.

데리다와 역사

데리다는 구조주의를 불편하게 생각합니다. 적어도 데리다에게 구조주의라는 것은 정태적이라는 면에서 본질주의와 거의 동의어입니다. 그것은 역사 안에서의 발생과 생성을, 데리다 자신의 표현을 빌리자면 역사의 "힘"을 해명하지 못하기 때문입니다.

구조주의는 그것만으로는 어떻게 새로운 무언가가 벌어지고 발생할 수 있는지 해명하지 못합니다. 그래서 하나의 구조에서 다른 구조로의 이행이라는 문제가 영영 불가해한 채로 남는다는 것이 데리다가 레비스트로스를 독해하면서 뽑아내는 함축 중 하나가 됩니다. 구조주의는 역사를 밀고 나가는 "힘"을 설명하지 못하고 결국 "시간과 역사를 중성화"[11]시키죠. 이렇게 보면 우연성이나 불연속성을 강조하는 "유희"의 사유는 형식적인 구조 개념이 생성의 힘을 해명하지 못하기 때문에 필연적인 반작용으로서 요구되는 것입니다.

베버가 인용한 『철학의 여백들』의 구절은 바로 이런 견지에서 읽혀야 합니다. 잘 보면 이 구절은 의미가, 그러니까 이념이나 관념이, 유희되는 대상이기에 앞서 역사적인 대상이라는 것을, 혹은 오로지 '역사적'인 한에서만 '유희적'이라는 것을 설명하는 구절입니다.

의미화signification의 운동은, 현전의 무대 위에 올려지는 '현

---

11 *L'écriture et la différence*, p. 425.

재적'인 각 요소가 자기 외의 다른 것과 관계 맺을 때만 가능하다. 즉 현재의 요소는 과거 요소가 남기는 흔적을 자기 안에 간직하고 있어야 하며, 미래 요소와 맺는 관계의 흔적이 내는 홈으로 이미 패여 있어야 한다. 흔적은 과거라고 불리는 것과 연결되어 있는 만큼 미래라고 불리는 것과도 연결되어 있다. 그 흔적이 현재라고 불리는 것을 구성한다.[12]

지금 '의미화'라고 번역된 것은 제가 앞서의 강의에서 '기호화'라고 했던 것과 같은 단어입니다. 문장이 어려운데요. 시간에 대한 데리다적인 관념을 먼저 이해해야 합니다. 『후설 철학에서 발생의 문제Le problème de la genèse dans la philosophie de Husserl』에서 데리다는 이런 말도 합니다.

시간의 순간들은 […] 점들 이상의 것이자 이하의 것, 즉 여전히 그리고 이미, 그것들의 과거이자 미래다.[13]

더 어려운가요? 다 같은 말입니다. 여기서 해명되는 것은 역사의

---

12 *Marges de la philosophie*, p. 13.

13 Jacques Derrida, *Le problème de la genèse dans la philosophie de Husserl*, Paris: PUF, 1990, p. 212[자크 데리다, 『후설 철학에서 발생의 문제』, 심재원, 신호재 옮김, 그린비, 2019, 269쪽].

최소치 같은 무언가입니다.

말씀드렸던 것처럼 기호화가 역사화의 최소 형태라면, 시간 자체는 역사의 최소 형태죠. 시간이 단 1초만 흐른다고 해도 그만큼의 역사가 있게 됩니다.

그런데 그렇게 시간이 흐른다는 것은 가장 기본적인 수준에서 본다면 어떤 사태일까요? 그것은 과거를 붙들면서 나아가되 미래를 향해 열려 있어야 한다는 것입니다. 시간은 서로 독립적인 점들이 선으로 이어지는 식으로 만들어지는 게 아닙니다.

도-미-솔, 이렇게 이어지는 음들을 '하나의' 선율로 듣기 위해서는, 솔의 시점에서 도와 미를 기억하고 있어야 합니다. 그래서 시간의 순간은 단순한 점이 아니라 이미 점 이상의 것입니다. 과거를 간직하기 위해서는 어떤 두께가 있어야 하니까요. 반대로 다가오는 음을 담아낼 수 있기 위해서는 시간의 순간이 점 이하의 것이어야 합니다. 비워져 있어야 한다는 것이죠. 그래서 시간의 순간순간은 각각 점 이상인 동시에 점 이하인 것입니다.

『철학의 여백들』에서 이야기하는 것도 다르지 않습니다. "현재의 요소는 과거 요소가 남기는 흔적을 자기 안에 간직하고 있어야 하며 미래 요소와 맺는 관계의 흔적이 내는 홈으로 이미 패여 있어야 한다." 다만 여기서 유독 미래의 경우에 그냥 요소 자체가 남긴 흔적이 아니라 요소와 맺는 관계의 흔적이라고 표현된 것은 미래의 것은 아직 도착하지 않았기 때문입니다. 미래에 올 것을 받아들일 채비가 되어 있어야 할 뿐이죠. 그런 의미에서 "관계의 흔적"입니다.

데리다에게 의미가 정태적인 무언가로 고정될 수 없다면 바로 이런 시간 이해 때문입니다. 의미는 전적으로 역사적인 것, 시간적인 것인데, 시간이 이미 과거와 미래의 교섭으로 이루어져 있기 때문에 의미는 정태적으로 고정될 수 없는 것이죠.

자의적인 절취·인용·반복이 언제든 가능하다고, 의미의 변질 가능성이나 유실 가능성이 절대적이라고 주장할 때 데리다는 그래서 그것이 좋고 훌륭하다고 말하는 것이 아닙니다. 그런 가능성을 도대체 제거할 수가 없다는 것이죠. 이것을 철학적으로는 한갓 '사실적' 가능성이 아니라 '초월적' 가능성이라고 합니다. 만약 의미가 스스로 독존할 수 있다면, 그 어떤 것에도 의존하지 않고 현전할 수 있다면, 아무런 문제가 없을 것입니다. 하지만 **의미는 의미로서 존재하기 위해서 기호화되고 기록되고 기입되어야 합니다.** 텍스트로 만들어져야 하죠. 그리고 텍스트란 기호들의 일정한 연쇄입니다. 바로 그렇기 때문에 의미는 다소간 자의적인, 심지어는 폭력적인 인용의 위험으로부터 자유로울 수가 없습니다.

그러니까 자의적인 해석으로 인해서 의미가 변질되고 유실될 수도 있는 것이 아닙니다. 반대로, 의미가 변질되고 유실될 수 있어야 한다는 원리적인 가능성 때문에 개별 주관의 자의적인 해석도 때때로éventuellement 가능해지는 것입니다.

데리다가 생전에 출간한 책만 80여 권 정도인 것으로 알려져 있습니다. 대단한 생산력이죠. 그런데 베버가 생각하는 것처럼 고작 저마다 각자의 해석이 있다는 식의 해석의 상대주의를 주장하기 위해서라면 데리다에게 그토록 많은 텍스트를 쓸 필요성이 있었을까요? 그렇게까지 노력을 기울일 필요가 있었을까요?

이와 관련해서 프랑스 현대 철학사에서 빼놓을 수 없는 장면이 하나 있는데, "소칼의 장난질Sokal's hoax"입니다('장난질'은 저의 표현이 아닙니다). 프랑스의 철학자들이 자연과학적 지식을 오남용하는 것을 고발하기 위해 소칼이라는 과학자가 『소셜 텍스트Social Text』에 엉터리 논문을 출간한 뒤 폭로한 사건을 일컫습니다. 데리다가 이를 두고 이렇게 말한 적이 있습니다.

> "상대주의"에 관해서 [말해 봅시다]. 그들이 우려하는 건 상대주의라고들 하죠. 뭐 그렇다 치죠. 그러나 그 용어에 엄밀한 철학적 의미를 부여한다면, 내게는 상대주의의 기미도 없어요. 이성 비판이라든지 계몽주의 비판이라든지 하는 것도 마찬가지입니다. 정반대입니다. 오히려 내가 가장 진지하게 받아들이는 건 광의의 맥락, 미국적이고 정치적인 맥락입니다. 우리는 바로 그 한계들 안에서 그 맥락에 대해 지금 다루고 있는 것이지요.[14]

데리다가 상대주의와 거리를 둘 때 어떤 절대적 심급을 재도입함으로써가 아니라 맥락, 즉 역사에 의거함으로써 그렇게 한다는 사실을 눈여겨보셔야 합니다. 더군다나 역으로 보면, 이념을 특정하게 고착시키려는 욕망이야말로 이데올로기의 근간입니다.

이데올로기란 뭐죠? 아주 비근하게 말하자면, '너는 모름지기 이러저러하게 살아야 돼' 이렇게 명령하는 사고방식입니다. 우리의 그간의 구도에서 보면 이데올로기란 생에서 우발성을 제거하는 사고 체계입니다. 즉 이데올로기란 체계화된 '꼰대'입니다.

꼰대라는 말이 한때 유행했었는데요. 꼰대는 기본적으로 생에 다양한 형태가 있을 수 있다는 것을, 생에 다층적인 의미가 있을 수 있다는 것을 인정하지 못하는 인간입니다. 그게 '나 때는'이라는 구호로 표상되는 논리죠. 이 역사 내내 자기가 겪은 것과 같은 형태의 삶이 계속되어야 한다고, 어렵게 말하자면 동일자가 반복되어야 한다고 생각하는 인간이 꼰대입니다. 이 생에, 이 역사에 필연적인 전개가 있다고 보는 태도죠.

그런데 다시 반대편에서는 이런저런 이념들이 역사적이고 사실적이기 때문에 그저 우연적이라는 주장이 이제 거의 상식이 된 것 같습니다.

필립 아리에스Philippe Ariès의 『아동의 탄생L'enfant et la vie familiale sous l'Ancien Régime』이라는 저작이 있는데, 우리는 오늘날 아동이나

---

14 Jacques Derrida, *Papier machine*, Paris: Galilée, 2001, pp. 279-281.

아이라는 관념이 당연하다는 듯 굴지만 실제로는 그렇지 않다는 것을 가르쳐 줍니다. 아동처럼 당연해 보이는 관념조차도 역사의 특정한 장소에서 특정한 국면에 탄생했다는 것이죠.

인간이라는 관념 역시 예외가 아니어서 푸코도 『말과 사물Les mots et les choses』의 말미에서 인간이라는 관념의 무상성gratuité을 선언합니다.

> 인간은 우리 사유의 고고학이 최신의 것임을 쉽게 보일 수
> 있는 발명품이다. 어쩌면 그것의 임박한 종말을 보일 수
> 있을는지도 모른다. [⋯] 인간은 마치 바닷가의 모래 위에
> 그려진 얼굴처럼 사라지리라고 단언해 볼 만하다.[15]

아름다운 문장이죠. 요는 어쨌든 경험이나 역사와 무관하게 항상적이고 불변적인 것처럼 보였던 심급들, 한 마디로 말해 순전히 초월적인 것처럼 보였던 심급들이 한낱 우발적 제작물로서 퇴위되어야 한다는 것입니다. 인간이라는 관념조차도 그렇습니다. 요즘 신유물론, 신실재론 같은 이름으로 비인간주의적인 사조들이 많이 운위되는데, 이 시대의 프랑스 철학은 이런 식으로 그걸 선취하고 있습니다.

---

15   Michel Foucault, *Les mots et les choses*, Paris: Gallimard, 1966, p. 398.

그렇다면 모든 것이 소박한 경험론의 문제로 환원될 수 있을까요? 모든 관념은 경험에서 비롯될 뿐이라고, 역사 속에서 창조될 뿐이고 그렇게 역사 속에서 스러져 사라질 것이라고 간단히 말하면 될까요?

데리다의 특별한 점은 그렇게 하지 않는다는 데 있습니다. 데리다는 경험론을 독특한 방식으로 규정하는데요.[16] 데리다가 보기에 경험론은 로고스의 권리, 담화의 권리, 즉 '의미의 권리'를 순수 타자에게 이양해 버리는 사고방식인 순수 차이론hétérologie의 철학적 이름입니다. 제가 지금 '철학적 이름'이라고 한정하는 이유는 데리다에게 경험론은 아예 아무런 철학이 아니기 때문입니다. 흔히 생각되는 바와 달리 경험론은 철학의 일종이 아니라 "비철학"이 하나의 철학인 양 굴 때 차용하는 이름입니다.

의미의 권리를 타자에게 이양해 버리는 사고방식이라고 표현했는데, 의미의 원천이 다른 어딘가에 따로 있다고 전제하는 사고방식이라고도 할 수 있습니다. 그리고 그렇지가 않다는 이야기를 제가 꾸준히 해왔습니다. 이번 강의의 이해 목표인 구절로 돌아가자면, "기호들의 유희 및 생성의 아래에 뻗어서 그것을 정초하는 비기호적 토양"은 존재하지 않는다는 이야기죠.

데리다는 경험적인 사실들 쪽에 로고스의 권리를 방기하는 대신

---

16 *L'écriture et la différence*, p. 226 이하.

데리다와 역사

역사성 자체를 다시 사유하려고 합니다. 바로 이런 노력 속에서 데리다는 『서설』에서 "초월적 역사성의 공간"[17]이라는 표현을 사용합니다. 역사 자체의 초월성을 사유하려는 것이죠. 이제 초월적인 것은 개개의 이념, 범주, 개념이 아닙니다. **데리다에게 초월적인 것은 변전하고 생성하는 역사 자체입니다.** 데리다는 역사가 "총체성에 대한 과잉의 운동 자체"라고, 심지어는 "역사가 곧 초월성 자체"라고까지 말합니다.[18]

말이 조금 어려운데요. 역사가 초월적이라는 것은 여태까지의 용어로 말하면 우발성이나 우연성이 절대적이라는 것입니다. 아까 푸코가 인간이라는 관념의 무상성을 선언했다고 했죠. 무상성이란 아무런 필연적인 이유, 필연적인 근거가 없다는 것입니다. **바로 그 무상성이 절대적입니다.**

앞선 강의에서 라이프니츠의 물음에 대해서 이야기했었죠. "왜 아무것도 없지 않고 무언가가 있는가?" 이 물음에서 방점은 '아무것도 없지 않고'에 찍힌다고, 그래서 이 물음은 존재 총체로서의 세계라는 것 자체가 없었을 수도 있다는 가능성을 건드리고 있다고 말씀드렸습니다. 존재의 이유, 존재의 의미에 대한 물음은 존재 자체가 아니라 부재의 가능성에 의해 존립합니다. 그러니까 의미는, 즉 "왜?"는 무언가 존재하는 것 내부에 있는 것이 아니죠. 의

---

17   *L'origine de la géométrie*, p. 69.
18   *L'écriture et la différence*, p. 173.

미는 이러저러하게 있는 무언가가 이러저러하지 않을 수도 있다는 가능성으로부터, 아니면 아예 아무것도 존재하지 않을 수도 있다는 가능성으로부터, 요컨대 무상성으로부터 피어납니다.

그라마톨로지에 대한 그라마톨로지적 해석

이렇게 그라마톨로지를 언어학으로 환원하는 해석을 데리다에 대해 적대적인 논자들만 공유하는 것이 아닙니다. 제가 『비밀의 취향Le goût du secret』이라는 대담집을 번역했는데요. 이것은 데리다가 마우리치오 페라리스Maurizio Ferraris라는 이탈리아 철학자와 몇 년에 걸쳐 나눈 대담을 출간한 것입니다. 페라리스는 데리다와 친분이 제법 깊다고 할 수 있습니다.

그런데 페라리스는 『비밀의 취향』의 후기에서 "텍스트-바깥은 없다"가 자기한테 골칫거리였다고 고백합니다. 안타깝게도 이때 페라리스는 베버와 별로 다르지 않은 것을 말합니다.

내게 이 명제는 "사실이란 존재하지 않고, 오로지 해석만이 존재한다"는 니체의 문장과 너무 가깝게 보였다. 그리고 "이해될 수 있는 존재는 언어다"라는 가다머의 문장과도 또 가까워 보였다. […] 나로서는 데리다처럼 독창적인 사상가가 자기 시대의 통념적 조류에 휩쓸리고 마는 게 과오처럼 느껴졌다. 그게 아니라도, 철학을 오로지 언어의 문제인 양―혹은 물론 많이 다르더라도 본질적으로 다르지는 않은 이야기인데, 에크리튀르의 사무인 양―몰고 갈 수 있다는 의견이 내게는 더 이상 설득력이 없었다. 그건 20세기의 철학 전체가 만장일치로 지지했던 의견이었다.[19]

페라리스는 "텍스트-바깥은 없다"를 "언어-바깥은 없다"로 읽으면서, 모든 것을 언어의 문제로 몰고 가는 20세기 철학 전체의 경향에 데리다가 참여했다고 주장합니다. 그리고 페라리스는 그렇게 모든 것이 언어의 문제이고 해석의 문제라면 아우슈비츠도 부인할 수 있는 것 아니냐고까지 반문합니다.

그러나 데리다가 '그라마톨로지'라는 기획에 착수한 것 자체가 모든 분야가 언어라는 개념을 통해 해명되는 상황에 불편을 느꼈기 때문이라고 말씀드렸죠. 그렇다면 페라리스처럼 말하기는 어렵지 않을까요?

아까 제가 비인간주의적인 사조들이 근래 많이 운위된다고 말씀드렸는데, 페라리스는 그런 사조들 가운데 하나인 신실재론에 활발히 참여하고 있습니다.

---

19 『비밀의 취향』, 188쪽.

신실재론의 기본이 되는 발상을 최소한으로만 요약하자면 인간적인 사유, 주관적인 관념이나 언어의 단적인 바깥이 있다는 것입니다. 페라리스는 여기에 입각해서 데리다를 비판합니다. 약간 소박하다고도 할 수 있는데요. 데리다가 "텍스트-바깥은 없다"고 했잖아요? 페라리스는 텍스트 바깥에 산山이나 수數나 정리定理가 있다고 대응합니다. "그것들은 지구상에 텍스트가 단 하나도 없더라도, 인간이 단 한 명도 없더라도 실존했을 것이다."[20] 텍스트의 바깥에 텍스트와 무관한 실재réel가 있고 현실réalité이 있다는 것이죠. 데리다가 말하는 텍스트를 단순한 언어 활동 정도로 환원한다면야 이렇게 말할 수 있습니다.

하지만 데리다는 이렇게 씁니다.

> 제게는 어떤 언어의 바깥이 있습니다. 모든 것은 거기서 시작하죠. 하지만 저는 이 바깥을 쉽게 실재라고 부르지 않습니다. 왜냐하면 현실이라는 개념에 형이상학적 전제들이 과다하게 적재되어 있기 때문이죠.[21]

말하자면 우선 현실이라는 말 자체를 다르게 이해해야 합니다. **앞서도 언급했지만 데리다에게 에크리튀르라는 개념은 언어라는**

---

20 『비밀의 취향』, 194쪽.
21 Jacques Derrida, *Moscou aller-retour*, Paris: L'aube, 2005, p. 110.

개념보다 더 큰 것입니다. 데리다는 이렇게도 말합니다. "그라마톨로지는 가장 광대한 장을 포괄하며, 언어학의 고유한 영역은 그 장의 내부에서 추상을 통해 그려지는 것이다."[22]

"텍스트-바깥은 없다"를 언어학적으로가 아니라면 어떤 식으로 이해해야 할까요? 문자 그대로 이해해야 합니다. **정말로 텍스트의 바깥은 없는 것입니다.**

앞서 페라리스가 이 문장을 두고 모든 것은 해석의 문제라는 식으로 새겼다고 했습니다. 그런데 그렇게 새기기 위해서는 우선 텍스트를 어떤 주관이 임의로 처분할 수 있는 대상이라고 생각해야 합니다. 그러니까 텍스트의 바깥에 그것을 부리고 다스리는 주관이 있어야 합니다. 하지만 데리다는 이렇게 말합니다.

> 에크리튀르의 '주체'를 작가의 어떤 주권적 고립으로 새긴다면, 그런 건 존재하지 않는다. 에크리튀르의 주체는 층들의 관계 **체계**다. 신비로운 서판의, 정신의, 사회의, 세계의 체계.[23]

이 말의 구체적인 내용은 살피지 않겠습니다. 여기서 확실한 것은 개개의 주관이나 주체가 이미 에크리튀르 체계, 기록 체계의 효

22   *De la grammatologie*, p. 74.
23   *L'écriture et la différence*, p. 335.

과에 불과하다는 것입니다. 말, 기호, 텍스트에 "숨결을 불어 넣는" 주권적인 주관은 없습니다.

신실재론이라는 사조가 근래 대두되고 있다고, 그것은 사유하는 초월적 주관이라는 심급을 무효화하고 그것을 넘어서서, 그런 주관이 없는 실재, 사유자가 빠진 현실을 사유하기 위한 시도라고, 그리고 거기에 페라리스도 참여한다고 말씀드렸죠. 그런데 정말로 텍스트의 바깥이 없다면, 이미 그런 초월적 주관이 없다는 이야기가 됩니다. 텍스트라는 기호들의 연쇄를 두고 그 의미를 주권적으로 지정하고 통제할 수 있는 주관 같은 것은 존재하지 않습니다. 구체적인 사람들이나 주관들이 텍스트를 두고 자의적으로 해석할 수 있는 것은 이 때문입니다.

애초에 그라마톨로지를 구상할 때 데리다의 관심사가 무척 광범합니다. 저번 강의에서 '일반 문자학'이라는 명칭을 언급하면서, 데리다가 고려하는 사정거리를 생각한다면 이런 명칭이 적절할지도 모른다고 이야기했습니다.

실제로 『그라마톨로지』에서 데리다는 사이버네틱스나 생물학의 영역에서 에크리튀르나 프로-그람pro-gramme이라는 말이 활용된다는 정황까지 고려하고 있습니다. 프로그램에서 '그람'은 그리스어 '그라마γράμμα'와 직결되어 있습니다. '그라마'는 물론 기록되고 기입되고 등록된 것을 뜻합니다. 그럼 프로그램은 뭐죠? 그것은 미리('프로') 기록('그람')되어 있는 것입니다. 유전자 같은 것이죠. 유전자는 생물학적인 수준에서의 프로그램입니다. 무언가가 기호로서 인식된다는 것은 곧 그것이 우선 반복 가능성의 면에서 인식된다는 것이라고 했습니다. **기호는 의미, 목적, 이유 같은 것을 따지기 이전에 그냥 반복 가능하다는 사실 자체에 의해 규정되는 무언가입니다.** 그리고 유전자의 재생산 역시 그런 기호론적 수준에서 이해될 수 있습니다.

저한테 보조개가 있는데, 제 부모님께도 보조개가 있습니다. **보조개는 무슨 목적이나 이유를 가지고 반복된 게 아닙니다. 그냥 무상하게, 아무런 이유 없이 반복된 것이죠.** 저라는 인간 위에 기록되고 기입된 것입니다. 이렇게 보면 저는 하나의 텍스트에 불과합니다.

페라리스는 텍스트 바깥에 산이 실재한다고 말했지만, 산은 지표면 위에 기록된 대지의 운동입니다. 지각 변동이 남긴 흔적이고 지각 변동이 있었다는 표지Anzeichen입니다. 기호·기록·기입·텍스트의 바깥에, '그라마'의 바깥에 확고한 실재가 따로 존재하는 것이 아닙니다. "기호들의 유희 및 생성의 아래에 뻗어서 그것을 정초하는 비기호적 토양은 없다"[24]는 말은 바로 이런 의미입니다. 그런 비기호적 토양이 있었더라면 기호들의 운동은 '일의적'으로 다스려질 수 있었겠죠. 하지만 **데리다는 실재 자체를 텍스트적인 직조**

---

24 *De la grammatologie*, p. 68.

texere로서 사유하는 것입니다.

> 언어의 너머에 텍스트가 있고 [···] 우리가 '언어의 너머'라
> 고 부르는 것은 흔적들의 직조, 그 가장 일반적인 의미에
> 서의 텍스트들의 직조다.[25]
> 하나의 텍스트로서의 세계. 그것이 제가 텍스트라고 일컫
> 는 것입니다.[26]
> 사물 자체가 하나의 기호다.[27]

　데리다에게 세계는 사물들의 총체 같은 것이 아닙니다. 그라마
토롤지적으로 보면 **세계는 "기입의 공간, 기호들의 방출과 공간적
분배로의 개방"[28]입니다.**

　이제 액자화, 자의성, 우발성 같은, 기호에 대해서 말해진 모든
것들이 세계에 대해서도 그대로 유효하게 됩니다. 이러한 이야기가
당장 여러분께 얼마나 설득력이 있을지는 잘 모르겠습니다. 하지
만 데리다의 지향만큼은 분명하지 않습니까? 그라마톨로지는 언
어학이 아니고 "텍스트-바깥은 없다"는 "언어-바깥이 없다"가 아닙

25　*Moscou aller-retour*, p. 110.

26　"Confessions and 'Circumfession': A Roundtable Discussion with Jacques
　　Derrida," *Augustine and Postmodernism*, ed. John D. Caputo and Michael J.
　　Scanlon, Bloomington: Indiana University Press, 2005, p. 41.

27　*De la grammatologie*, p. 72.

니다.

"사물 자체가 하나의 기호다"

철학의 오랜 꿈은 결국 현실을, 존재를 제대로 사유하는 것입니다. 그리고 그것을 위해서 논리를 경유하려고 했습니다.

데카르트의 '코기토 에르고 숨cogito ergo sum'은 이런 정향을 집약적으로 보여주는 정식입니다. 사유('코기토')는 논리('에르고')를 거쳐 존재('숨')에 이르려고 합니다. 이런 철학적 꿈을 고려한다면 기호의 자의성이라는 소쉬르의 테제는 우리의 사유를 위험에 빠뜨리는 것처럼 보입니다. 그래서 역사학자들이 이것을 가지고서 철학적 기획을 구상한 데리다를 그토록 싫어했는지도 모릅니다.

기호의 자의성 테제는 사실 우리가 의미나 이념의 발생, 따라서 사유의 발생을 해명하지 못한다는 무능함을 폭로합니다. 기호만큼 사유와 가까운 것이 없습니다. 우리는 기호들 속에서 사유합니다. 실재 자체 속에서 사유하지 않습니다. 그런데 기호의 자의성 테제는 기호·기표가 제 의미·기의와 아무런 필연적인 관계를 지

---

28 *Ibid.*, p. 65. 원문에는 '분배'가 강조되어 있음.

니지 않는다는 것을 가르쳐 줍니다.

그 전까지 기호나 사유가 현실이나 실재와 필연적인 연관을 맺지 않는다는 것이야 많이 이야기됐는데 이제 기호는 내재적으로도 아무런 필연성을 지니지 않는다는 사실이 폭로된 것입니다. '사자' 가 사자를 뜻할 아무런 필연성이 없습니다. 소쉬르의 표현을 빌리자면 이 관계는 무동기적immotivé입니다. 즉 거기에는 아무런 자연적·필연적 동기가 없습니다.

데리다는 이런 사유의 '위기'를 기회 삼아 역으로 밀어붙입니다. 데리다에게 기호로-생성되기devenir-signe로서의 기호화signification는 곧 무동기적으로-생성되기devenir-immotivé이고 다르게-생성되기devenir-autre입니다. 의미·기의는 기호·기표라는 전적인 타자autre 안에 기입되면서만 존립하며, 그 안에서만 그 자체로 거합니다. 기호화란 "전적인 타자가 아무런 순일성·동일성·유사성·연속성 없이, 자기 자신이 아닌 것 안에서 그 자체로 고지되는 종합"이고, 이것이 "곧 형이상학이 '무생물'로 규정해 온 것에서 동물적 유기체의 모든 단계들을 거쳐 '의식'에 이르기까지의 역사 전체"입니다.[29] 난해한 표현이지만, 여기서 중요한 것은 이 역사 전체의 의미를 확약하고 보증하는 어떤 탁월한 타자, 실낙원이 됐든 무엇이 됐든 이 역사 전체를 지양하고 넘어갈 만큼 값진 어떤 '역사의 바

---

29   *De la grammatologie*, p. 69.

깥'이 따로 마련되어 있지 않다는 사실을 인식하는 데 있습니다. 의미는 다름 아니라 의미로서 "고지"될 수 있기 위해서 다른 무언 가에, "자기 자신이 아닌 것"에 의탁해야 하니까요.

세계가 이미 일종의 텍스트라면, 이 텍스트의 전개를 미리 규정 하고 보장하는 의미, 목적, 텔로스 같은 것은 존재하지 않습니다. 지금 여기에서 달라져야 합니다. 이 무의미한 것들 한가운데에서 의미가 생산되어야 합니다. 이념이 적재된 물질인 기호가 이런 의 미화·기호화의 운동을 제 안에 집약하고 있다는 것을 이미 여러 차례 말씀드렸습니다. 데리다에게 그래서 기호화의 유희는 세계 안에 있는 여느 유희들 가운데 하나가 아니라 세계가 세계로서 어 떠한지 자체를 규정하는 유희입니다.

> 초월적 기의의 부재로서 사유된 이 **유희는 세계 안에 있는 유희**가 아니다.[30]
>
> 이 유희를 급진적으로 사유하기 위해서는 우선 존재론적 이거나 초월론적인 문제의식을 진지하게 소진시켜야 하 고, 인내심을 가지고 엄격하게 존재의 의미에 관한, […] 세계의 세계성에 관한 물음을 횡단해야 한다.[31]
>
> 세계 안에 있는 유희의 여하한 형태들을 이해하기를 시도

---

30 *Ibid.*, p. 73.
31 *Ibid.*, p. 73.

하기 전에 우선 사유해야 하는 것은 **세계의 유희**다.[32]

에크리튀르는 역사의 무대이자 세계의 유희다.[33]

데리다는 왜 자꾸만 유희라고 말할까요? 놀이야말로 무의미하고 무목적적인 짓 자체이기 때문입니다. 놀이는 근본적으로는 놀이 자신밖에 모릅니다. 놀이는 아주 강력한 액자화입니다. 우리말에서는 '액자'보다 '판'이라는 말이 익숙합니다. 바둑판, 장기판, 화투판 같은 것이 있습니다. 축구 경기장도 하나의 판입니다.

이렇게 '판'이 절취되고 재단되고 나면 놀이 특유의 무한한 몰입이 가능해집니다. 놀이는 기본적으로는 외재적인 무언가, 제가 계속 써온 말로 바꾸면 초월적인 무언가에 종사하지 않습니다. 한 발짝만 물러나면 알 수 있는 것처럼, 놀이는 바로 그렇기 때문에 궁극적으로는 무의미합니다. 예컨대 스물두 명이 벌판에서 헉헉대면서 하나의 공을 쫓아다니는 광경은 한 발짝만 물러나면 정말 웃긴 일이 됩니다. 마치 배경음악을 끈 춤사위와도 같습니다. 희극적이죠. 무의미하게 보이기 때문입니다. 스물두 명이어야 할 이유도 없고 둥근 공이어야 할 이유도 없습니다.

그러니까 세계 자체가 하나의 유희라는 것은, 그것도 기호화의 유희라는 것은, 이렇게 급진적인 무상성·무목적성을 드러내는 수

32 *De la grammatologie*, p. 73.
33 *L'écriture et la différence*, p. 337.

데리다와 역사

사입니다. 세계에 궁극의 의미를 담보해 주는 심급, 이 세계에 궁극의 질서를 부여해 주는 별도의 타자 같은 건 없다는 소리죠. 텍스트-바깥이 없다는 것은 그런 의미입니다. 자식은 부모의 유전자를 인용합니다. 물론 뒤섞고 다르게 배치하는 한에서 그렇게 하지만, 어쨌든 거기에 반복 자체 외에는 아무런 필연성이 존재하지 않습니다. **자식이 부모의 이 부분을 닮고 저 부분을 닮지 않은 것에는 아무런 목적이 없습니다.** 그냥 그렇게 된 것이죠. 이 인용은 그런 의미에서 자의적인 인용입니다. 소쉬르가 '기호의 자의성'이라고 할 때 이미 그렇듯 자의성이라는 말 자체를 다르게 새겨야 합니다. 이것은 자식이 부모의 유전자를 자기 마음대로 골라서 인용하고 반복한다는 의미에서가 아니라 그런 인용과 반복을 규제하는 필연적인 원리가 존재하지 않는다는 의미에서 자의적입니다. 이렇게 보면 **자식이야말로 자의적 반복의 결과물**에 불과하죠.

이제 "텍스트-바깥은 없다"로부터 여러 가지 귀결을 끄집어 낼 수 있습니다. 언제나 무언가는 다른 무언가의 인용·참조·반복으로서 체험되며 이것이 데리다에게는 사물·기호·세계가 현현하는 유일한 방식이라는 것, 이런 참조 구조로 인해 세계 안에 존재하는 그 어떤 것도 충만한 즉자적 필연성을 주장할 수 없다는 것, 세계의 의미는 근본적으로 무동기적인, 따라서 정초될 수 없는 무상하고 우연한 생성들에 의거한다는 것, 그 자체로 의미 있는 무언가는 존재하지 않는다는 것, 이런 우발적 유희로서의 세계를 사유하기 위해서는 차라리 '에르고', 즉 논리를 어느 정도 포기해야 한다는 것 등등.

　당연하지만 데리다는 무의미하다는 구실로 유희를 폄훼하는 게 아닙니다. 사실 유희의 안에서야말로 우리는 무한히 진지합니다. 흔히 신선놀음에 도끼 썩는 줄 모른다고 하죠. 유희 때문에 '바깥'의 사정을 까맣게 잊어버린다는 의미입니다. 그런데 망각할 도끼가 애초부터 없었다면, 텍스트-바깥이 애초부터 없었다면 어떨까요? **유희가 세계 자체의 수준으로 끌어올려지고 나면, 우리에게는 무상하고 무의미한 이 세계를 진지하게 살아내는 것 외의 다른 선택지가 없습니다.** 다른 바깥이 없기 때문입니다. 결과적으로 역사는 이 무상한 세계를 약간 덜 무상하게 만드는 일이 되고, 근본적으로 나사 빠진 이 무논리한 세계에서 약간의 논리를 찾는 일이 됩니다. 여기까지 강의를 마치겠습니다.

에필로그

2004년 10월 12일 리조랑지스Ris-Orangis, 데리다가 세상을 뜨고 사흘이 지나 하관의 날이었다. 데리다의 아들 피에르Pierre Alféri가 그가 남긴 말을, 그가 친우들에게 남긴 마지막 편지 같은 무언가를 읽어내렸다.

제게 미소를 지어주세요. 저도 당신들에게 마지막까지 그리 할 터였으니. 삶을 언제나 더 사랑하세요. 살아남기를 그치지 말고 긍정하세요…. 당신들을 사랑합니다. 저는 어디에 있든 당신들에게 미소를 지을 것입니다.

원숙해짐에 따라 삶, 생, 생명, 목숨으로 번역될 수 있는 'vie'와 생존, 살아남기, 경계-위의-삶, 삶을-넘어서는-삶 등으로 번역될 수 있는 'survie, sur-vie'라는 개념을 점점 더 자기 사상의 전면에 내세우기 시작했던 데리다는, 죽음의 자리에서, 아니 죽은 뒤에, 다시 한 번 생의 강렬함을 확인하고 있는 것이다.

> 삶을 언제나 더 사랑하세요. 살아남기를 그치지 말고 긍정하세요….

삶에 대한 사랑, 삶을-넘어서는-삶에 대한 긍정은 단순히 생을 더 연장하는 것, 더 오래 사는 것, 혹은 불멸을 꿈꾸는 것과는 전혀 다르며, 하물며 '이론'과는 구별되는 '삶'으로의 복귀와는 더욱 다르다. 사실 진정한 철학자들은 대체로 이론/삶이라는 손쉬운 이분법에 동의하지 않았다. 물론 이는 철학이나 이론이 생보다 더 우월하다는 식으로나, 생에 비하면 이론이 좀 하찮다는 식으로는 아니었다. 「자크 데리다의 세 가지 나이The Three Ages of Jacques Derrida」라는 표제로 《주간 엘에이LA Weekly》에 실린 대담에서 철학은 어떤 물음에 대답하기 위해 탄생한 것이냐는 질문을 받은 데리다는 관건은 "개인의 삶을 어떻게 다룰 것인지, 그리고 어떻게 더불어 살 것인지"였다고 대답한다. 모든 실용주의에 앞서 철학적·이론적 본능 같은 걸 규정하는 어떤 실용주의가 존재한다. '삶이 먼저이고 철학은 그 다음이라Primum vivere deinde philosophari.' 왜 사유해야 하는가? 왜 철학이 필요한가? 결국 더 잘 살기 위해서이고 사는 법을 배우기 위해서이다.

시계를 두 달 정도 되돌려보면, 2004년 8월 19일, 비른봉Jean Birnbaum과 데리다의 대담 「나는 나 자신과 전쟁 중입니다Je suis en guerre contre moi-même」가 《르 몽드Le Monde》지에 실린다. 이 대담은 『마침내 사는 법을 배우기』라는 제목으로 출간되었다. 이 에필로그는 그에 대한 간략한 독해다.

그러나 이만한 아이러니가 있을까? 대담 당시 데리다는 치명적인 췌장암을 앓고 있었다. 비른봉이 넌지시 묻자 데리다는 아무렇지도 않게 대답한다. "말씀하셔도 됩니다. 제가 아주 심각한 병에 걸려 있다는 것 말입니다. 사실입니다. 그리고 위험한 치료를 받고 있죠."¹ 죽음을 목전에 둔 이 노학자는 『마르크스의 유령들』에 이어 다시 한 번 삶을, 살아가는 방법을, 살아남는 방법을 주제화했던 것이다. "저는 언제나 이 살아남기라는 주제에 관심을 가졌습니다."²

이것은 즉시 더불어 사는 삶에 대한 관심으로 귀착된다. 언제나 이미 누군가가 있기 때문이다. 비른봉이 상기시키는 대로 『마르크스의 유령들』은 이렇게 시작한다. "누군가가 다가와 […] 말한다:

---

1 *Apprendre à vivre enfin*, p. 22.
2 *Ibid.*, p. 26.

나는 마침내 사는 법을 배우고자 한다고."[3] 『마르크스의 유령들』
이 이미, 추문에 파묻힌 채로 고인이 됐던 알튀세르에 대한 우정의
표시라면, 마르크스에 대한 독해나 당대 정세에 대한 응답이기에
앞서 어떤 상속이라면 과언일까?

데리다는 거기서 마르크스의 유산과 더불어 그의 상속자 중 하
나인 알튀세르의 유산을 물려받으며, 상속이 우리의 존재론적 사
실이라고 주장한다. "**존재한다**는 [⋯] **상속한다**를 의미한다."[4]

만약 삶을 죽음과 떼어낼 수 없다면, 단지 모든 생명이 결국 죽
어야 한다는 생물학적 의미에서만 그런 것이 아니다. 삶과 죽음의
이 분리 불가능성은 역사적인 것으로 삶의 과정 전체가 우선 떠난
이들/것들에게 바치는 애도이자 그/것들이 남긴 유품의 상속임을
뜻한다. 데리다가 삶은 곧 삶을 넘어서는 삶이라고 규정하는 것
은 이 때문이다. 살기, 그것은 이미 살아남기다. 하나의 삶을 넘어
서 또 하나의 삶이 이어지며, 이는 단순한 삶의 연장, 삶의 계속으
로 환원될 수 없다. 그보다 그것은 "어떤 아이가 부모의 죽음 이후
에도 살아남는 것"이고 "어떤 책이 작가의 죽음 이후에도 살아남
는 것"이다.[5] 인류는 "인류에 반하는 죄"인 아우슈비츠 이후에도 살
아간다. 아우슈비츠의 어떤 부분을 상속하면서. 그래서 "사는 법을

---

3   *Spectres de Marx*, p. 13[국역본, 9쪽].
4   *Ibid.*, p. 94[국역본, 122쪽].
5   *Apprendre à vivre enfin*, p. 26.

데리다와 역사

배우는 것은 죽는 법을 배우는 것"이다.[6]

데리다에게 죽음·상속·애도는 그저 윤리적이기보다는 존재론적ontologique인, 더 정확히는 유령론적hantologique인 단어들이다. "'나는 존재한다'는 본디부터 '나는 죽을 자로 존재한다'는 것을 뜻한다."[7] 취약성과 필멸성, 즉 상처와 죽음의 가능성은 삶 자체의 조건이다. 그런 유한성에 의해서만, 삶을 아끼고 돌보는 지금과 같은 형태의 존재 양식이 가능해진다. 다치거나 죽을 수 있는 자만이 삶에 대한 염려를, 즉 사랑을 필요로 한다. 완벽하고 완전한 영생자에게 삶이나 사랑이 과연 의미 있을까? 우리는 안타깝게도 죽어 가면서 살아가는 것이 아니라, 오로지 죽어 가면서만 살아간다.

『계몽의 변증법Dialektik der Aufklärung』에서 아도르노는 아무리 아름다운 꿈이라고 해도 그것이 바로 꿈이기에 상처의 표식을 지닌다고 말한다. 우리가 언젠가는 그 꿈에서 깨어나야 하기 때문이다. 그러니까 어떤 의미로는 꿈이 아름다울수록 아픔은 더 커진다. 미몽은 계몽을 상처로서 선취하고 있는 것이다.

그런데 실은 삶 전체가 그런 열개裂開의 구조를 지니고 있으며, 그것이 시간이 우리에게 부과하는 근원적 유한성이다. 지나간 행복은 그것이 지나가 버렸다는 사실만으로도 슬픔을 불러일으킨다. 그 기쁨이 이제는 더 이상 향유될 수 없다는 사실이 이미 슬픈

---

6   *Ibid.*, p. 24.
7   *La voix et le phénomène*, pp. 60-61[국역본, 84쪽].

것이다. 데리다도 여기 동의하는 것처럼 보인다.

> 행복한 순간들은 […] 저를 죽음에 대한 사유를 향해, 죽
> 음을 향해 내던집니다. 그것들은 지나갔으니까요, 끝났으
> 니까요.[8]

모든 것은 결국 사라져 버리지 않을 수 없고 지나가 버리지 않
을 수 없다. 베르그손은 지성의 철저한 결론은 허무주의라고 이야
기한다. 인과 계열을 따라가는 지성은 우리의 죽음과 세계의 종말
을 향해, 따라서 허무주의를 향해 걸음을 재촉한다. 어차피 모든
것이 스러져 사라실 텐데 구태여 살아서 뭐하나? 이 허무주의의
농담 같은 판본이 있다. 어차피 더러워질 텐데 씻어서 뭐하나? 어
차피 배고파질 텐데 먹어서 뭐하나? 등등. 당연히 그렇지가 않다.
바로 그런 상실들을, "절대적 필멸성"을 끊임없이 넘어서며 살아가
야 한다. 그래서

> 사는 법을 배우는 것은 죽는 법을 배우는 것, 죽음을 받아
> 들이기 위해 (자신을 위해서도 타자를 위해서도 — 구원도, 부활
> 도, 속죄도 없는) 절대적 필멸성을 고려에 넣는 것을 의미해

8 *Apprendre à vivre enfin*, p. 55.

야 할 것입니다. 이것은 플라톤에서부터 이어지는 오래된 지침입니다. 철학한다는 것은 죽는 법을 배우는 것입니다. […] 살아남기는 계속해서 살아가는 것을 의미하지만, 또 한 죽음 이후를 사는 것을 의미하기도 합니다.[9]

데리다에게 사후死後란 영적·이념적 천상계가 아니라, 이렇게 실질적인 장래를 뜻하는 것이다. 우리에게 주어진 모든 것이 곧이라도 끝장날 미몽·꿈·환각일 수 있지 않느냐는 합리적 의심은 이상향 고유의 철두철미한 합리성을 통해서도, 전혀 다른 일탈적 비합리성을 통해서도 논박되지 않는다. 그것은 역사적인 버텨냄, 즉 존속과 지속을 통해서만 논박된다. "환각의 진정한 적수는 […] 역사다."[10]

요컨대, 살아야 하고 더욱 살아야 한다. 세계를 보존하는 만큼 계속해서 다시 창조하고 있는 데카르트적 신은 이런 버텨냄의 다른 이름이고, 동궤에서 그의 실체 관념은 결국 자기 존속으로 집약되는 것이다. 혹여 데카르트적인 신이 오관념이라면, 단지 그것이 유일함을 자임하는 대문자 신이기 때문일 것이다. 지고한 일자로서의 신이 아니라 명멸하는 신들이 발명되어야 한다. 베르그손이 『도덕과 종교의 두 원천Les deux sources de la morale et de la religion』의

---

9 *Ibid.*, p. 26.
10 *L'origine de la géométrie*, p. 30.

말미에서 말하듯 어쩌면 이 우주는 "신들을 제작하는 기계"일지도 모른다. "우선 인류는 계속해서 살기를 원하는지 살펴야 한다. 연후에 인류는 오로지 살기만을 원하는지, 아니면 우주의 본질적 기능이 우리의 무감한 행성 위에 이르기까지 이행될 수 있도록 필요한 노력을 기울이고자 하는지 물어야 한다. 우주란 신들을 제작하는 기계다."

그래서 삶은 결코 단적으로 무한하지도, 단적으로 유한하지도 않다. 데리다 자신의 역설적인 정식, **"무한한 차연은 유한하다"**[11]를 비틀면, 삶은 무한히 유한하다. 삶은 곧이라도 끝장날 수 있는 유한한 것으로서만 무한의 편으로 향한다. 이는 인간이 죽음을 '선구'해야 함을 뜻하지 않는다. 우리는 이미 숱한 죽음들 속에서 살아가며, 또 우리 차례에 숱한 죽음들 중 하나가 될 것이다. 죽음은 '나'의 통제를 벗어나는 일이고 나는 타자의 편에서 죽지만, 그렇다고 해서 불가해하고 신비로운 무언가가 아니다.

"숱한", 즉 데리다에게 전체를 단번에 규정하는 타자Autre는 없다. 기실 전적인 상속의 불가능성으로 인해, 타자는 상속의 과정에서 이미 분할된다.

하나의 유산은 결코 회집되지 않는다. 그것은 절대로 자기

---

11 *La voix et le phénomène*, p. 114[국역본, 153쪽].

데리다와 역사

자신과 하나를 이루지 않는다. 유산의 통일성은, 그런 게 있다손 치면, 오로지 **선택하면서 재승인**하라는 명령으로 이루어진다. **해야 한다**는 것은 거르고 선별하고 비판**해야 한다**는 것을, 저 동일한 명령 안에 거주하는 여러 가능성들 중에 골라내야 한다는 것을 뜻한다.[12]

상속은 이미 애도의 작업이고 따라서 선별의 작업이다. 우리는 언제나 이미 선별하고 있으며 그렇게 해야 한다.

이 "해야 한다il faut"의 거역 불가능한 명령을 두고, 우리가 유한하기 때문에 그런 명령에 따라야 한다고 말하는 것으로는 부족하다. 거꾸로 그 명령이야말로 우리의 유한한 삶을 규정하는 것이라고 말해야 한다. "유한성의 법칙" 속에서 의무("우리는 해야 한다on doit")의 차원과 역량("우리는 그렇게 하지 않을 수 없다on ne peut pas ne pas pouvoir")의 차원은 서로 구별되지 않는다. 타자란 내가 완전히 전유할 수 없는 것 일반으로, 대타자, 절대적인 신, "얼굴" 같은 것이 아니다. 오랜 오해와 달리 타자를 환대하고 수용하고 승인하라는 명령은, 결코 타자를 절대적으로 완전하게 승인하라는 뜻이 아니다. 우리는 고르고 걸러내면서만("불충실한…") 재승인할("… 충실성") 수 있다. 우리의 상속은 대개 성공적이어서 불충실한 애도와

---

12 *Spectres de Marx*, p. 40[국역본, 46-47쪽].

실패했기에 충실한 애도 사이에서 진동한다.

실패한 애도란 무엇인가? 애도의 대상을 차마 떠나보내지 못하는 것, 언제나 그 빈자리를 절감하면서 우울 속으로 침잠하는 것, 삶의 페이지를 넘기지 못하는 것이다. 그것은 끝나지 않는 애도, 오로지 충실하기만 한 애도다. 사흘의 장례, 삼 년의 상은 이런 무한한 충실성을 방해하기 위해 애도에 부여되는 우연하면서도 필연적인 '액자'다. 한편으로 그 임의의 기한은 애도가 사흘, 삼 년 만에 마무리되어야 할 아무런 이유가 없다는 점에서 애도 자체의 논리와는 무관하여 우연성으로 체험된다. 다른 한편으로 그것은 애도의 내재적 필연성을 규정하는 틀로서, 애도가 전개되는 절차가 의거하는 제한이다. 자정을 넘길 때까진 환자의 연명 장치를 떼지 못하게 하는 가족들의 마음을 쉽게 헤아릴 수 있을까.

반대로 성공적인 애도란 무엇인가? 더 이상 애도하지 않는 것, 삼년상을 끝내는 것, 잔인하게 말해서 더 이상 떠난 이를 추억하지 않는 것이다. 이는 애도의 두 극한, 애도의 이중구속으로, 우리는 이 두 가지를 '한꺼번에' 사유해야 한다. 성공과 실패의 이항대립이 잔혹함과 우울증을 예비하기 때문이다. 데리다는 이렇게 정제해 낸 불충실한 충실성의 논리를 스스로에게 엄격하게 적용하는데, 이는 길게 인용할 가치가 있다.

제가 남긴 흔적은 제게 도래하거나 이미 도래한 제 죽음을 의미하는 동시에, 그 흔적이 저보다 오래 살아남으리라는 희망을 의미합니다. 그것은 불멸성에 대한 야심이 아닙니다. 그것은 구조적입니다. 저는 거기에 하나의 종잇조각을 남겨놓고, 떠나서, 죽습니다. 이 구조에서 벗어나기란 불가능합니다. 그것은 제 생의 항상적 형식입니다. 제가 무언가를 떠나도록 남겨둘 때마다 매번 저는 글쓰기 속에서 저의 죽음을 삽니다. 이건 극단적인 경험이죠. 우리는 우리가 남긴 것이 정확히 누구에게 맡겨지는지를 알지 못한 채로 스스로를 상실합니다. 누가, 그리고 어떻게 상속하게 될까요? 상속자들이 있기는 할까요? […] 이 나이를 먹고 나니, 저는 이 주제에 대해 아주 모순적인 가설들을 받아들일 채비를 갖추게 되었습니다. 저는 동시에, 저를 믿어주셨으면 합니다, 이중적인 감정을 갖고 있습니다. 한편으로는, 농담처럼 무례하게 말하자면, 사람들이 나를 읽기를 시작하지도 않았고, 물론 아주 좋은 독자들도 많이 (아마 전 세계에 수십 명 정도) 있지만, 이 모든 것들이 드러나려면 아직 더 시간이 필요하리라는 감정입니다. 하지만 또한 다른 한편으로는 제 죽음 이후 보름이나 한 달이 지나면 더 이상 아무것도 남아 있지 않으리라는 감정입니다. 도서관에 있는 제출본으로 보관되는 것 말고는 아무것도요. 맹세컨대, 저는 동시에, 그리고 진심으로 이 두 가지 가설을 믿

습니다.[13]

데리다는 2004년 10월 9일 숨을 거둔다.

그의 말대로였다. 데리다의 막대한 유산을 잽싸게 태워버리고 싶은 사람들이 있었는가 하면 거기에 반대하는 사람들, 데리다의 삶을-넘어서는-삶을 지지하는 사람들이 있었다.《뉴욕 타임즈The New York Times》지는 「이해할 수 없는 이론가, 자크 데리다, 향년 74세로 별세Jacques Derrida, abstruse theorist, dies at 74」라는 표제의 모욕적인 부고를 낸다. 이에 낭시Jean-Luc Nancy, 바디우Alain Badiou, 발리바르Étienne Balibar, 힐리스 밀러J. Hillis Miller 등은 즉시 데리다를 기리기 위한 강연회를 꾸린다.

만약 위대한 사유의 증거 중 하나가 맹목적 찬양과 섣부른 반박을 동시에 야기한다는 데 있다면, 데리다의 사유도 예외는 아니다. 데리다는 한편에서는 철학사의 근본적 갱신자로 기려지고, 다른 한편에서는 현학적 객설의 제작자로 폄하된다. 글렌디닝Simon Glendinning이 그의 삶을 간명하게 요약한다. "그는 사랑받았다. 또한 그는 매도당했고 미움받았고 비방받았다."

데리다는 왜 그토록 미움을 샀을까? 철학사에 대한 그의 짐짓 과장법적인 독해 때문이었을 것이다. 그러나 이 과장법은 한낱 독

13 *Apprendre à vivre enfin*, p. 35.

데리다와 역사

서가로서의 악취미가 아니라 철학자로서의 일관됨에서 비롯된 것이다. "유산들이 있고 저는 전통에 전혀 반대하지 않습니다. 저는 때때로 이야기를 과장되게 밀어붙였는데, 이는 유산들의 최대치의 '다양성'을 위한 것이었습니다."[14] 2003년의 대담 「상처가 되는 진실La vérité blessante」에서 데리다는 이렇게 말한다. 존재가 곧 상속을 뜻할 때, 필연적인 귀결 중 하나는 국외자인 것처럼 제삼자연하면서 사유할 수 없게 된다는 데 있다. 이는 다시 한 번 윤리학보다는 존재론에 준하는 언명이다. 마치 자기 자신은 이 상황에 속하지 않는다는 듯한 사유는 단지 비겁하기 때문이 아니라 단적인 외부가 존재하지 않기 때문에 금지된다. "텍스트-바깥은 없다." 나의 언술은 역사의 바깥에 있지 않다. 그것은 언제나 이미 무언가를 상속하고 있기에 역사적이다. 내가 말하고자 하는 바는 기표에 이미 스며 있는 의미의 역사적 지층에 종속되어 있고,[15] 그래서 나의 언술은 이미 나의 의도를 초과하고 있다. 나는 예컨대 '상속'이나 '애도' 같은 단어를, 내가 원하는 만큼 그 의미를 한정하여 사용할 수 없다. 바로 그렇기 때문에 과장될지언정 유산들을 가지고서 밀어붙이는 것 외에는 다른 도리가 없는 것이다.

내가 나의 말을 통제할 수 없다고 말하는 것으로는 미진하다. 이러한 기표의 자율성에 견줄 때 나는 오히려 그것을 수동적으로

14 "La vérité blessante," *Europe*, no 901, mai 2004, p. 16.

15 *L'écriture et la différence*, p. 266.

체험하는 처지에 놓여 있다고 말해야 한다. 말들마다 함축되어 있는 역사적 깊이가 우리의 말을 곤경에 빠뜨리는 동시에 가능케 한다. 그리고 우리의 용례는 용례대로 의미의 이 역사적 지층의 일부를 이룬다.

> 언어는 우리보다 선재하는 것이며, 우리 이후에도 살아남는 것입니다. 만일 우리가 언어에 무언가를 결부시킨다면, 그러한 일은 정교한 방식으로, 언어의 비밀스러운 법칙을 불경스럽게 존중함으로써 그렇게 해야 합니다. 바로 이겁니다. 불충실한 충실성. 제가 프랑스어에 폭력을 가할 때, 저는 이 언어가 그 생과 그 진화 속에서 내리는 명령injonction이라고 생각되는 것에 대한 정교한 존중을 가지고 그런 일을 합니다. 프랑스어의 "고전적인" 철자법이나 구문론을 사랑 없이 위반한다고 믿는 사람들의 글을 읽을 때 저는 웃지 않을 수 없고, 때로는 경멸하게 됩니다.[16]

그러니까 '나는 제외하고'만큼 몰역사적이고 에고이스트적인 태도가 있을까?

데리다가 "우리 유럽인들", "우리 프랑스인들", "우리 유대인들"

---

16 *Apprendre à vivre enfin*, p. 38.

데리다와 역사

이라고 말하는 대목에서 고려해야 하는 것은 바로 이런 역사성이다. 이와 같은 소속의 표현은 결코 배타적인 집단주의를 진작시키기 위한 것이 아니다. 데리다는 유럽인이 옳기 때문에 "우리 유럽인들"이라고 말하는 것이 아니다. 유럽주의야말로 그가 해체하려던 대상 아닌가? "제 작업의 초기부터 저는 극도로 유럽주의, 혹은 유럽 중심주의에 대해 비판적인 채로 남아 있었습니다. 그것이 '해체' 자체였죠."[17] 그럼에도 불구하고 그가 스스로를 "유럽인"이라고 부르는 것은 유럽 '안에서' 유럽을 반성하고 갱신하기 위해서, 유럽인으로서 자신이 물려받은 자산들을 동원해서 정세에 대응하기 위해서, 그럼으로써 그 자산을 더 풍부한 것으로 만들기 위해서다.

> 제가 말하려는 것은 도래할 유럽, 스스로를 찾아나서는 유럽입니다. […] 대수적으로 '유럽'이라고 명명되는 것은 인류의 미래를 위해, 국제적 권리의 미래를 위해 져야 할 책임들을 갖고 있습니다 — 이것이 제 신념, 제 믿음입니다. 그리고 여기서 저는 주저하지 않고 '우리 유럽인들'이라고 말할 것입니다. [18]

이것은 유럽을 특권화하려는 거만함이 아니라, 민족지적 관찰이

---

17   *Ibid.,* pp. 41-42.
18   *Ibid.,* p. 42.

라는 미명 아래 함부로 일본이나 미국을 거론하며 자기 좋을 대로 전유하고 수단화하지 않는 겸허함이다.

데리다는 어디까지나 자신이 상속받은 전통 안에서 전통을 갱신하고자 한다. 그는 스스로를 전통, 역사, 공동체에 대해 예외적인 존재로 만들지 않는다. 그릇되게도 형이상학의 도살자처럼 취급받곤 하는 데리다는 꾸준히 자신의 작업이 형이상학의 울타리cloture 안에서 이루어짐을 말해왔다. 데리다가 보기에는 마치 자신은 유럽인, 프랑스인, 유대인이 아닌 양 발화하는 것이야말로 책임을 방기하는 짓이다. 유럽은 그에게 속한 것은 아니지만, 그가 동원할 수 있는 유일한 자원이다.[19] 우리 각자가 언제나 특정한 조건들의, 특정한 유산들의 상속자라는 사실을 망각하지 않아야 한다. 이는 단번의 폐기, 단번의 혁신, 단번의 구원이라는 관념 ─ 두말할 나위 없이 이 관념들은 서로 연결되어 있다 ─ 을 거부해야 함을 뜻한다. 결론이 유토피아든 디스토피아든 그런 부류의 관념은 종말론적 사고방식을 강화한다. 이제 유럽은, 혹은 한국은, 혹은 이생은, 혹은 이 세계는 끝장이야… 전혀 그렇지 않다. 차안의 세계를 일거에 지양하고 피안의 세계로 넘어가려는 사유, "전부가 아니면 전무tout ou rien"의 꼴을 지닌 사유, 오로지 최선의 이익에 복무하려는 사유는 지고의 폭력과 공모하며 역사를 납작하게 만든다.

19 *Apprendre à vivre enfin*, p. 35: "프랑스어는 제게 속하지 않는 것입니다. 프랑스어가 제가 처분하에 '소유하고' 있는 유일한 것이라 하더라도 말입니다."

그래서 데리다는 "가장 좋은"이 아니라 "가장 덜 나쁜"에 입각해서 사유한다. "역사적 상황에 따라 가장 덜 나쁜 해결책을 발명해야 합니다. […] 기정의 맥락 안에서 독특한 하나의 응답을 주어야 합니다."[20] 세계라는 관념이 '하나를 이루는 전체'로서 총체화의 운동을 표상한다면, 역사는 그 운동을 비껴가는 것으로서 "세계보다 더 크다."[21] 관건은 완결되지 않을 이 역사 안에서 삶을 속행하는 데에, 무한히 유한하게 살아남는 데에 있다.

> 언제나 해체는 예[oui]의 편에, 삶에 대한 긍정의 편에 있었
> 습니다. […] 그것은 사는 것을, 그러니까 살아남는 것을
> 죽음보다 선호하는 어떤 생명체의 긍정입니다. 살아남기
> 는 단순히 남아 있는 것이 아니라, 가능한 한 가장 강렬한
> 삶이기 때문입니다.[22]

---

20   *De quoi demain…*, p. 126.

21   Jacques Derrida, *La carte postale*, Paris: Flammarion, 1980, p. 64.

22   *Apprendre à vivre enfin*, p. 54.

데 리 다 의 삶 에 대 한 짧 은 소 묘

      데리다처럼 난해한 사상가의 생애를 간략하게 소묘할 수 있을까? 아니, 더 일반적으로 한 인간의 역사를 요약하는 일이, 거기에서 철학적 본질 같은 무언가를 추출하는 일이 가능할까?[1] 그럼에도 데리다라는 인물의 역사를 감히 요약해 본다면, 다음과 같은 문장으로 귀착될 것이다. "저는 하나의 언어만을

---

1   그렇다고 해서 베닝턴Geoffrey Bennington이 공들여 작성해 놓았고 국내에도 소개된 바 있는 데리다의 연보를 여기서 굳이 반복하지는 않을 것이다. Jacques Derrida, Geoffrey Bennington, *Jacques Derrida*, tr. Geoffrey Bennington, Chicago: The University of Chicago Press, 1999, pp. 325-336[자크 데리다, 『입장들』, 박성찬 옮김, 솔, 1992, 161-171쪽].

구사합니다. 그것은 제 것이 아닙니다."

데리다는 "본토" 출신의 교사가 알제Alger의 학교에 부임했을 때 그의 억양과 어조로 인해 받았던 유년 시절의 충격을 여러 기회에 회상한다. 이는 데리다가 자신의 유일한 언어인 프랑스어가 실은 제 것이 아니라 타자의 것이었음을 여실히 느꼈던 사건으로, 1942년 어느 날 학교에 갔더니 갑자기 집으로 돌아가라면서 이유는 부모님께서 설명해 주실 거라는 말을 들은 카프카적인 순간과 포개진다. 물론 그의 부모는 이유를 설명해 주지 않았고 그도 이유를 묻지 않았다. 당시의 알제리는 프랑스의 일부이면서 프랑스의 일부가 아니었다. 데리다는 그렇게 공적 체계에 의한 근거 없는 거부를 맛보게 된다. 모어조차도 자신의 것이 아니었다는 이 경험을 보편적인 경험으로 올려세우는 것, 이것이 데리다 사유의 핵심적 모티프 중 하나를 이루게 될 것이다.

아이러니하다고 해야 할까, 데리다는 고등사범학교 입학을 위해 프랑스로 이주한 후 재키Jackie라는 미국적 이름을 고전적이고 프랑스적인 자크Jacques로 바꾸고 자신의 말투를 프랑스적인 것으로 표백한다. 1956년, '자크' 데리다는 두 차례의 도전 끝에 교수자격시험을 통과한다. 우연히 그 자리에 참관했던 식수Hélène Cixous의 회고에 따르면 데리다가 다룬 주제는 죽음이었다. 데리다에게 교수자격시험은 호락호락하지 않았다. 첫 번째 시험에 심사위원으로 들어왔던 알키에Ferdinand Alquié는 데리다에게 "공부 좀 할 것"을,

그러니까 소르본에 와서 정기적으로 수강할 것을 권유하며, 데리다가 지나치게 "하나의 아이디어에 집착"한다고 혹평했다. 알키에의 혹평은 데리다가 학적 여정 내내 겪게 될 고난과 굴욕을 예고한다. 데리다는 프랑스에서 '대학'이라고 할 만한 곳에서는 영영 자리를 잡지 못한다.

가뜩이나 소심한 데리다는 시험을 준비하는 내내 번민과 우울에 시달렸다. 데리다에게 운전을 가르쳐 주기도 했던 고등사범학교 부학장 프리장Jean Prigent은 시험에 붙고 난 뒤에도 여전히 의기소침해 있는 그를 보고 안쓰러운 마음에 하버드에 특별 청강생 자격으로 방문할 수 있게끔 조력한다. 이때 데리다는 그와 결혼해서 평생을 함께하게 될 마르그리트Marguerite Aucouturier와 같이 미국으로 간다. 그는 미셸 모노리Michel Monory에게 보내는 편지에서 이 체류를 평안하면서도 건조하게 묘사한다. "사건도, 날짜도, 인간다운 사교도 없는, 그런 게 거의 없는 삶이야. 우리는 우리끼리 살고 있어. […] 마르그리트는 꽤 시시한 소련의 소설을 번역하고, 나는 그걸 타자기로 타이핑해."

물론 이러한 생활은 태풍 속의 평화였다. 알제리는 정치적으로 불안정했고 미국에는 여전히 백인 전용인 곳이 많았다. 알제리-프랑스-아랍-유대-마라노의 정체성이 뒤섞인 데리다의 가족들 중 윗세대는 마르그리트를 "이교도goy"라고 부르며 그녀와의 교제에 격렬하게 반대했다. 당시 반대자 중 하나였던 외삼촌 사파르Georges

Safar의 편지를 받은 데리다는 철학도답게 답장했는데, 삼촌은 미주알고주알 "용어를 […] 분석"하지 말라며 분노한다. 모든 철학자에게 유효할 이 분노를 두고 나중에 데리다는 자신이 "국제mixte" 결혼의 선구자였다고 눙치게 될 것이었다. 여하간 데리다는 하버드에 체류하는 동안 올리베티 32 타자기를 구매하여 사용하기 시작했는데, 그로 인해 프랑스식 자판인 아제티azerty가 아니라 미국식 자판에 가까운 국제 쿼티qwerty intl.를 습득하게 됐다. 그래서 데리다는 그 뒤로도 한동안 미국에서 타자기를 구매해야 했다.

그러니까 데리다가 알제리, 프랑스, 미국… 그 모든 곳에서 이방인처럼 살았다고 하면 과언일까. 그는 어디에서도 제 집chez soi처럼 편안하게 머물지 못했지만, 그렇다고 해서 다르게 사는 방법을 알지도 못했다. 그리고 이 무지, 이 무력이 데리다의 생애와 사유를, 역사와 철학을 한꺼번에 규정한다. "저는 하나의 언어만을 가지고 있습니다. (그리고, 그러나, 그런데) 그것은 제 것이 아닙니다. […] 나는 프랑스어를, 내가 당신에게 말하는 이 언어를, '모국어'라고 부를 수조차 없었습니다."[2]

---

2   *Le monolinguisme de l'autre*, pp. 50-61.

데리다와 역사

초판 1쇄 발행 2024년 3월 18일

지은이   김민호
펴낸이   최윤영 외 1인
펴낸곳   에디스코
편집주간   박혜선
디자인   최성경

출판등록   2020년 7월 22일 제2021-000220호

전화   02-6353-1517
팩스   02-6353-1518
이메일   ediscobook@gmail.com
인스타그램   instagram.com/edisco_books
블로그   blog.naver.com/ediscobook

ISBN   979-11-983433-2-1 (93160)

—